Andi Fett

BaschenTuch

9 Vorlesegeschichten für junge Leute

4

CLV

Christliche Literatur-Verbreitung e.V.
Ravensberger Bleiche 6 · 33649 Bielefeld

1. Auflage 2017

by CLV · Christliche Literatur-Verbreitung
Ravensberger Bleiche 6 · 33649 Bielefeld
Internet: www.clv.de

Satz & Umschlag: A. Fett, Meinerzhagen
Umschlagfoto: fotolia.com, © cirodelia
Druck & Bindung: CPI – Ebner & Spiegel, Ulm

Artikel-Nr. 256188
ISBN 978-3-86699-188-0

INHALT

Candelo brennt 5

  Das Knäcke-Boot 13

Der Pokal in der Asche 23

  Gewonnen 31

Monte Christo 39

  Wieder aufgetaucht 47

Der heiße Draht 55

  Die Grünschnabel-Dame 63

Die Wette 72

LIMM & NIES

ZUM VORLESEN & NACHMACHEN

Einige der folgenden Kurzgeschichten findest du auch im Programm von *Radio Doppeldecker* – einer Kindersendung, die die frohe Botschaft von Jesus Christus zeitgemäß verbreiten möchte. Du findest weitere Sendungen als Podcast unter

WWW.DOPPELDECKER.INFO

Candelo brennt

In Oberitalien steht eine verfallene Burg. Sie gehört zu dem kleinen Ort Candelo. Dort leben noch heute viele Weinbauern. Auf dieser Burg hat sich vor langer Zeit ein aufregender Vorfall abgespielt. Diese Geschichte hat sich wirklich zugetragen.

Auf der Burg von Candelo lebte schon seit vielen, vielen Jahren kein Burgherr mehr. Der alte Burgbesitzer war längst gestorben. Die Burg war verwaist und verlassen. Nur Fledermäuse und ein paar Käuzchen wollten in dem kalten und schiefen Gemäuer wohnen. Ach ja – und Spinnen. Nur der finstere Keller der Burg wurde noch genutzt.

Hier, in dem wuchtigen Gewölbe unter der Ruine, hatten die Weinbauern aus der Gegend ihren Weinkeller. In diesem unterirdischen, immer kühlen Verlies lagerten sie ihre edlen Tropfen. Mehrere mannshohe Weinfässer standen dicht an dicht. Hier konnte der edle Wein ungestört in den schweren Eichenfässern reifen.

Doch eines Nachts brach auf dieser Burg ein Feuer aus. Ein Blitzschlag hatte das Dach im Burghof in Brand gesetzt. Als die Weinbauern durch das Gewitter aus dem Schlaf aufschreckten, stand die Burg schon hell in Flammen. Hoch über dem verschlafenen Candelo glühte die brennende Burg in gespenstischem Widerschein der Gewitterwolken. Oh weh! Nun galt es, schnell den Wein zu retten.

Die Winzer stürmten den Berg zur Burg hinauf. Doch als sie mit Eimern und Kannen durch das Burgtor eilten, sahen sie entsetzt ein weiteres Unglück: Der Burgbrunnen war nicht mehr zu erreichen. Seine Holzverschalung mitsamt der Seilwinde und dem Fachwerkdach brannten lichterloh. Die Flammen, der beißende Rauch und herabstürzende brennende Bretter machten es unmöglich, an das Wasser zu kommen. Und bis hinunter ins Dorf Candelo war der Weg zu weit.

Nur ein schwacher Gewitterregen schien der Feuersbrunst Einhalt zu gebieten. Doch ein heftiger Sturmwind fachte die Brände nur noch stärker an. Überall prasselte das vernichtende Feuer. Uralte Balken knackten und Funken stoben in den Nachthimmel auf. Die Burg brannte, der Brunnen brannte, und bald würde das Feuer auch auf das Weinlager übergreifen. Noch war das Kellertor zu erreichen. Aber die vollen Eichenfässer waren viel zu groß und viel zu schwer, um sie aus dem Gewölbe zu rollen und so zu retten.

Ein alter Bauer rief: *»Uns bleibt keine Wahl: Wir müssen den Wein nehmen und damit das Feuer löschen!«* Doch die anderen schimpften zurück: *»Ja, bist du denn verrückt? Dafür sind wir doch hier: Wir müssen den Wein retten!«*

Die Bauern von Candelo hatten ein schier unlösbares Problem: Löschten sie das Feuer nicht, so war bald der ganze Wein verloren. Denn gleich würden in dem Inferno die Burgmauern und Fachwerkwände über den Weinfässern vor Hitze zusammenbrechen.

Nahmen sie aber den Wein zum Löschen, dann war er auch verloren. Das Feuer zu löschen, hatte doch nur Sinn, wenn man den Wein damit retten konnte.

Was sollten sie nur tun? Die Winzer standen in ihren grauen Nachthemden ratlos da – wie Esel, die nicht wissen, was sie tun sollen. Löschen oder nicht – das war hier die Frage! Löschten sie, so war der Wein verloren. Löschten sie nicht, war er auch dahin. Aber sollten sie einfach zuschauen, wie das Feuer ihren kostbaren Wein vernichtete?

Was hättest du getan? Fällt dir eine Lösung zu dem Problem von der Burg von Candelo ein? So ist es manchmal auch im Leben. Wir stehen vor einem verzwickten Problem und sehen keine Lösung. Das nennt man dann ein »Dilemma« – eine Zwickmühle, die zwei Möglichkeiten bietet – und wir müssen uns entscheiden.

Aber ganz gleich, was man macht: Es kann eigentlich nur schlimmer werden. Egal was man tut: Man kann es nur falsch machen. Scheinbar …

Dazu passt auch die Geschichte von einem Mann, der in der Wüste unterwegs war. Er hatte die Orientierung verloren und irrte schon tagelang durch den endlosen Sand.

Doch da stieß er glücklicherweise auf einen Brunnen mit einer Schwengelpumpe. Das ist eine alte Eisenpumpe mit gekrümmtem Arm, der durch Auf- und Ab-Bewegen das Wasser aus der Tiefe hochpumpt.

Zu seiner Verwunderung sah der Verdurstende neben dem Brunnen einen kleinen Krug mit Wasser stehen. Er war gerettet! Doch an dem Krug hing ein Zettel mit der Aufschrift:

WASSER NICHT TRINKEN!
MAN BRAUCHT ES, UM DIE PUMPE
IN GANG ZU BRINGEN!

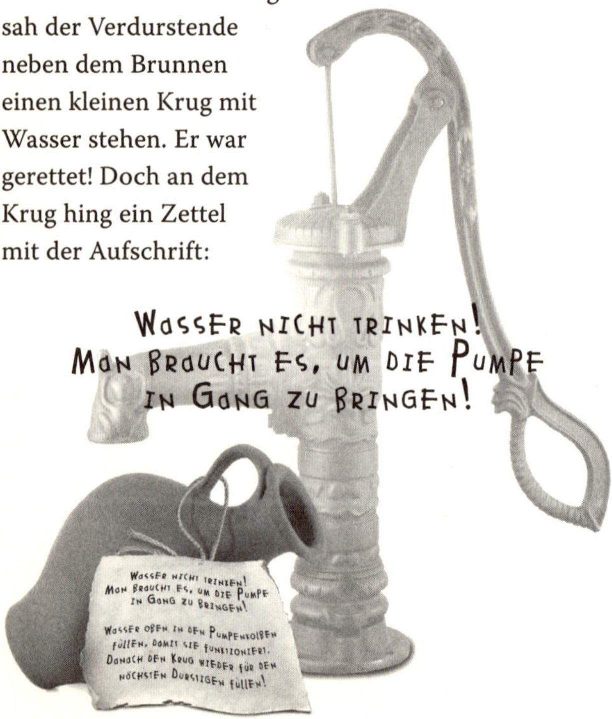

WASSER OBEN IN DEN PUMPENKOLBEN FÜLLEN, DAMIT SIE FUNKTIONIERT. DANACH DEN KRUG WIEDER FÜR DEN NÄCHSTEN DURSTIGEN FÜLLEN!

Der Verdurstende kratzte sich am Kopf. Sollte er nun nicht lieber auf Nummer sicher gehen und den Krug sofort austrinken? Er war doch am Verdursten. Das Wasser war zwar lauwarm und abgestanden, aber seine vertrocknete Zunge lechzte danach.

Also setzte er den Krug an die rissigen Lippen. Doch da sah er vor seinen Augen wieder diesen Zettel. *»Hm … Oder soll ich es doch riskieren? Soll ich das köstliche Nass in diese alte Pumpe kippen? Wer weiß, ob es stimmt, was auf diesem blöden Zettel steht.«*

Woher sollte er wissen, ob das wirklich klappte? Oder war der Zettel nur der Scherz eines gemeinen Betrügers? Wieder so ein Dilemma, wie bei der Burg von Candelo …

Ja, manchmal muss man genau das zum Einsatz bringen, was man retten will! Manchmal muss man den letzten Schluck Wasser opfern oder den edlen Wein vergeuden, um ans Ziel zu kommen. Wir wollen dich nicht auf die Folter spannen und erzählen dir, wie die beiden Geschichten weitergingen:

Der Verdurstende in der Wüste glaubte an die Nachricht, die auf dem Zettel stand. Er schüttete mit zittrigen Händen den Inhalt des Kruges in den Kolben der Pumpe und ... dann bewegte er den Schwengel auf und ab. Doch es geschah nichts! Nur ein schnarrendes, schmatzendes Geräusch entstand. Und heiße Luft schnaubte aus dem Pumpenrohr. Hatte er den rettenden Schluck vergeudet?

Doch er pumpte weiter. Dann vernahm er ein Röcheln und Gurgeln ... und siehe da: Die Pumpe spuckte kurz einen Schwall Wasser aus. Und noch einen Schwall und noch einen. Dann riss der Strahl nicht mehr ab. Frisches kühles Wasser aus der Tiefe füllte die Tränke. Der Verdurstende war gerettet.

Ganz ähnlich war es auch bei den Winzern von Candelo. Sie hörten tatsächlich auf den Rat des alten Bauern. *»Wir müssen den Wein nehmen, um damit das Feuer zu löschen!«* Die Bauern von Candelo wussten sich nicht anders zu helfen, als in das Kellerverlies zu stürzen, die Fässer aufzuschlagen und das Feuer mit Wein zu löschen. Bis in den frühen Morgen kippten sie den kostbaren Rebensaft in die alles verzehrenden Flammen. Bald hatten sie auch das letzte Fass vergeudet.

Völlig erschöpft gaben sie schließlich auf. Was sollte das? Ihr Wein war dahin. Das Feuer war zwar gelöscht, aber zu welchem Preis? Die Flammen hatten gesiegt. Ihre verheerenden Zungen hatten den ganzen Wein weggeleckt. Verzweifelt standen die verschwitzten Männer vor den rauchenden Trümmern. Damit war ihre Existenz vernichtet. Wovon sollten sie im kommenden Jahr leben? Wie sollten sie ihre Familien ernähren?

Als jedoch die Morgendämmerung durch das Kellertor schien, trauten sie ihren Augen nicht. Unter den Rauchschwaden und verkohlten Balken entdeckten sie etwas Unglaubliches. Neben ihrem Weinkeller war eine Wand geborsten. Die schweren Bruchsteine hatten nachgegeben, waren weggeplatzt und gaben den Blick in ein weiteres Gewölbe frei. Erst die Feuersbrunst der Nacht hatte diesen Raum geöffnet.

Verwundert stiegen die Bauern durch das Loch in der Kellerwand. Es kam ihnen vor wie ein Traum. Denn dort, im Nachbarraum, standen ebenfalls Eichenfässer. Sie waren voll mit uraltem, edlem Weinbrand. Und nicht nur das! Sie entdeckten in dem verborgenen Keller Kisten und Truhen voller Kostbarkeiten. Waffen, Schmuckstücke und Gemälde. Seit Jahren war diese Schatzkammer unter der Ruine in Vergessenheit geraten.

Jesus Christus sagt in Matthäus 16,25: *»Denn wer irgend sein Leben erretten will, wird es verlieren; wer aber irgend sein Leben verliert um meinetwillen, wird es finden.«*

Glaubst du das? Glaubst du, dass der Herr Jesus recht hat? Glaubst du seinem Rat, der so unglaublich klingt wie Wein ins Feuer zu kippen oder wie der unverschämte Zettel an dem Krug?

Oder denkst du: Das klingt wie ein Märchen? Dann probiere es doch aus – wie der Mann an der Pumpe.

Wenn du die Kontrolle über dein Leben an Gott abgibst, dann wirst du das Leben finden. Wenn du selbst die Kontrolle über dein Leben behalten willst, wirst du schließlich alles verlieren.

Wenn du einen »Schatz« finden willst, dann verschenke dein Leben an Jesus Christus. Wenn du deinen Lebensdurst stillen möchtest, dann vertraue ganz fest auf seine Botschaft!

Wie das geht? Rede mit ihm. Sage ihm, dass dein Leben von jetzt an nicht mehr dir selbst gehören soll, sondern dass ER der Bestimmer sein darf. Bete zu ihm und bitte ihn, dass er dir neues und ewiges Leben schenkt.

Übrigens: Wenn du an Jesus Christus glaubst, also bei ihm deinen Lebensdurst gelöscht hast, darfst du nicht vergessen, *»den Krug neben der Pumpe wieder zu füllen«*. Verstehst du? Wer die Rettung, die Jesus bietet, gefunden hat, darf das nicht für sich behalten. Gib das lebendige Wasser, das er schenkt, an andere weiter! Es sind noch so viele durstig nach dem wahren Leben, das nur Gott geben kann. ❊

Das Knäcke-Boot

Die ungeheuerliche Geschichte der VASA. Nein, es geht nicht um das Knäckebrot. Auch wenn das ebenfalls aus Schweden kommt – genau wie die VASA, von der ich Dir heute erzählen will. Sie ist ein Prachtstück und der ganze Stolz Schwedens. Noch heute kann man sie bestaunen! Täglich pilgern Tausende Touristen in die schwedische Hauptstadt Stockholm, um sie zu sehen. Was aber ist denn nun die VASA? Das wirst du gleich erfahren ...

König Gustav Adolf von Schweden hat einen Traum: Er will ein so mächtiges Schiff haben, wie man es bis dahin noch nicht gesehen hat. Seine Kriegsflotte soll ein Flaggschiff bekommen: die VASA. Sie soll unbesiegbar sein. Bald will er die ganze Ostsee beherrschen. Besonders den Polen auf der anderen Seite der Küste will er damit zu verstehen geben: Wir Schweden sind *die* Seemacht. An uns kommt keiner vorbei. Die Ostsee gehört uns. Wagt ja keine Seeschlacht gegen Schweden!

Nach ersten Entwürfen legen die Zimmerleute los: Am Hafen von Stockholm errichten sie ein Werftgelände so groß wie vier Fußballfelder, dazu Lagerräume und Geräteschuppen. Mittendrin entsteht ein Gerüst mit Hebeln und Kränen, mit Rollen und Rampen.

Mühsam schleppen Ochsen-Gespanne schwere Baumstämme aus den tiefen Wäldern zu der Werft. Aus Stämmen sägen die Handwerker Balken und Bohlen, Pfosten und Planken. Dabei gehen die Schiffsbauer bis an ihre Grenzen: Die VASA soll fast 70 Meter lang, 12 Meter breit und schwindelerregende 52 Meter hoch werden.

Für ihre drei Masten sind die Männer monatelang in halb Skandinavien unterwegs, um entsprechend große Tannen zu finden. Aber nicht nur das: Für das monströse Schiffsgerippe der VASA werden allein 1.000 Eichen gefällt. Insgesamt drei Jahre zimmern die Schiffsbauleute an dem Segelschiff.

Immer mehr Schaulustige kommen an den Hafen von Stockholm, um das hölzerne Skelett zu bestaunen. Auch ausländische Militärbeobachter und Spione. Aber was macht das? Sollen sie nur gaffen und staunen: Der Ruhm der gewaltigen VASA soll gern fremde Länder erreichen, bevor sie einmal dort aufkreuzt!

Nach einem Besuch an der Schiffsbauer-Werft ist auch König Gustav Adolf hoch zufrieden mit den Ausmaßen, aber noch lange nicht mit der Ausstattung. Die Größe findet er in Ordnung, aber ihm fehlt noch etwas Prunk.

Deshalb lässt der König die besten Bildhauer, Holzschnitzer und Handwerker kommen und gibt ihnen folgenden Befehl:

»Die VASA muss ein schwimmender Palast werden, das Flaggschiff Schwedens – nein, mehr noch: das Prachtstück

der Ostsee. Ach, was sage ich: das Kronjuwel der Meere. Also, zeigt euer Können, ihr Künstler. Euer König wird euch fürstlich entlohnen!«

Wenige Tage später mischt sich unter das Klappern der Kräne und das Klopfen der Hämmer ein Raspeln und Ritzen und ein Sägen und Schnitzen ... Ein Heer von Kunsthandwerkern verschönert das Segelschiff. Bald zieren die VASA rundum über 700 Skulpturen und Figuren – ein Gewimmel aus Löwen, Nixen, Kriegern und Fantasiefiguren. Die Fratzen und Grimassen leuchten in bunten Farben. Das soll jeden Feind abschrecken.

Aber damit noch nicht genug: Nun ist die VASA zwar prächtiger als jedes Boot, aber ist sie auch mächtiger? Genau in dieser Zeit kommen Eilboten aus Polen und berichten, dass König Sigismund III. ein ähnlich großes Schiff bauen lässt. Vielleicht hätte Gustav Adolf die VASA-Werft doch besser vor neugierigen Blicken verbergen sollen ...

Hm, was ist nun zu tun? König Gustav Adolf von Schweden kommt eine verwegene Idee: Die VASA braucht die doppelte Bewaffnung! Also befiehlt er, auf dem Oberdeck der VASA genauso viele Kanonen aufzustellen wie auf dem Unterdeck.

Das hat es noch nie gegeben! Bisher waren Kriegsschiffe immer nur mit einem Kanonendeck versehen. Aber die VASA soll nun zwei bekommen, damit sich ihre Feuerkraft verdoppelt! Statt also 32 Geschützen an Backbord und Steuerbord werden 32 aufs Unterdeck und 32 aufs Oberdeck gestellt. Insgesamt sind also 64 Bronzekanonen an Bord. Das ist mehr als auf allen polnischen Kriegsschiffen zusammen!

Doch das soll sich schon bald als ein Fehler herausstellen, und zwar als ein wirklich schwerer Fehler! Denn ein Kriegsschiff ist doch kein Kunstmuseum. All der Prunk und Protz, die Skulpturen, Figuren und Kanonen bringen nämlich ein ganz ordentliches Gewicht auf die Waage …

Der Tag der Fertigstellung naht. Die VASA soll eine Besatzung von über 400 Mann bekommen: Matrosen und Navigatoren, Offiziere und Zimmerer, Kanoniere, Köche und natürlich einen Kapitän.

Vizeadmiral Klas Fleming ruft 30 Matrosen an Deck und befiehlt: »*Los, wir machen einen Test, ob das Schiff gut im Wasser liegt. Rennt alle zugleich von Backbord nach Steuerbord.*« Die Besatzung rennt los, von einer Seite des Schiffes zur anderen. Klas Fleming schaut skeptisch zu den Masten hoch. Ui, ui, ui. Die VASA schwankt bedenklich. Und die schweren Kanonen geraten ins Rutschen. Das riesige Schiff schwankt schließlich so sehr, dass Klas Fleming sofort den Test abbricht.

Jemand müsste nun dem König berichten, dass die VASA wegen der vielen Kanonen auf dem Oberdeck schlecht im Wasser liegt. Denn das könnte ziemlich gefährlich werden. Aber wer soll das dem König sagen? Das könnte nämlich auch gefährlich werden. Keiner traut sich. Schlussendlich wird der Schiffsbaumeister losgeschickt. Er soll dem König sagen, dass seine Idee nichts taugt.

Dort trägt er seine Bedenken ganz zaghaft vor. Doch Gustav Adolf bleibt stur und ruft: *»Nix da, die Kanonen bleiben an Deck!«* Der Schiffsbaumeister traut sich nicht, seinen König zu kritisieren. Wie sollte er es wagen, seinem König zu widersprechen?

Endlich kommt der große Tag der Jungfernfahrt – also der Tag, an dem das Schiff das erste Mal in See sticht. Es ist Sonntag, der 10. August 1628. Der ganze Hafen von Stockholm ist für den feierlichen Anlass geschmückt. Schließlich gibt der Kapitän das Kommando zum Auslaufen. Bei strahlendem Sonnenschein hisst die VASA ihre Segel und sticht in See. Salutschüsse donnern in die Luft. Ganz Stockholm steht am Pier und jubelt.

Doch was ist das? Kaum losgefahren, neigt sich der stolze Dreimaster, als wäre er angeschossen. Knapp hinter der Kaimauer gerät die VASA trotz geringen Windes in eine bedrohliche Schräglage. Die gesamte Besatzung versucht das auszugleichen und rennt auf die höher liegende Deck-Seite.

Auweia, die unteren Kanonen-Luken liegen schon unter der Wasserlinie! Ostseewasser schwappt ins Innere der

VASA. Einige Männer flitzen unter Deck, aber sie schaffen es nicht, das hereinströmende Wasser aufzuhalten.

Plötzlich ... eine leichte Bö, und die VASA kippt zur anderen Seite. Sie kommt erneut in Schieflage, neigt sich immer mehr, kippt und ... kentert! Vor den Augen aller Stockholmer sinkt das stolze Schiff mit wehenden Segeln und Flaggen.

Die Zuschauer reiben sich die Augen. Das war's dann mit der VASA. Wie peinlich! Was für eine Blamage! Vor allem, weil zur Jungfernfahrt zahlreiche Adelige und Generäle anderer europäischer Länder eingeladen sind. Das prächtige schwedische Kriegsschiff liegt nun auf dem Meeresgrund. Und damit ist all die jahrelange Arbeit umsonst gewesen ...

333 Jahre liegt das Wrack im Dornröschenschlaf im Schlick vor Stockholm. Erst vor etwa 50 Jahren wurde die einst so stolze VASA entdeckt und geborgen. Heute steht sie im Museum in Stockholm.

Hm, wieso musste das Schiffsprojekt VASA scheitern? War der Untergang ein unabsehbarer Unglücksfall?

Der schwedische König behauptete: »*Unachtsamkeit und Unverstand waren die Ursache für den Untergang! Bestimmt war die Besatzung betrunken oder die Kanonen waren nicht ordentlich festgezurrt.*« Aber nein! Das war nicht das Problem! Gustav Adolf wollte seine eigene Schuld nicht eingestehen! Er war es, der alles so angeordnet und das eigentliche Ziel aus den Augen verloren hatte.

Die VASA sollte ein Kriegsschiff werden – stattdessen wurde sie eine Art Kunstmuseum! Prunk und Pracht schienen Gustav Adolf wichtiger zu sein als Stabilität und Seetüchtigkeit. Er hatte die VASA völlig überladen und überfrachtet, weil er zu viel Wert auf viele unwichtige Dinge gelegt hatte.

Das war also das Problem: der falsche Schwerpunkt. Viele Menschen machen den gleichen Fehler wie König Gustav und legen den falschen Schwerpunkt, indem sie am Wesentlichen in ihrem Leben vorbeileben und es versäumen.

Überleg mal: Wofür wird ein Kriegsschiff gebaut? Na, für den Krieg und damit natürlich für Kämpfe auf dem Wasser. Das ist die Bestimmung eines Kriegsschiffes. Deshalb sind ja auch Stabilität und Sicherheit beim Bau eines solchen Schiffes besonders wichtig. Es wird ja für den Krieg hergestellt – und nicht für eine Kaffeefahrt auf dem Rhein.

Hast du schon mal darüber nachgedacht, was deine Bestimmung ist? Wozu Gott dich gemacht hat? Sein Plan ist es, mit dir zusammen zu sein. Gemeinschaft mit dir zu haben.

In Epheser 2,10 kannst du dazu was Passendes lesen:

»Denn wir sind sein Werk, geschaffen in Christus Jesus zu guten Werken, die Gott zuvor bereitet hat, damit wir in ihnen wandeln sollen.«

Gott liebt uns. Er hat uns geschaffen für ein Leben mit ihm. Wenn wir mit Jesus leben und ihm vertrauen, dann hilft uns Jesus, dass unser Leben gelingt, dass wir im Leben klarkommen. Ja, mehr noch: Dann bekommt unser Leben einen richtigen Sinn und die richtige Perspektive.

Gott geht es nicht um fromme Rituale und Regeln, sondern er wünscht sich eine Beziehung mit uns. Und wenn wir die zu Jesus haben, dann dürfen wir erleben, wie Gott durch uns wirkt und wunderbare Dinge tut. Hört sich das nicht fantastisch an?

Du kannst mit Gott übrigens so reden wie mit einem guten Freund. Du kannst ihm alles sagen: Was dich froh macht, worüber du traurig bist, was dir Kummer macht und wo du Probleme hast.

Aber auch das, was dir misslungen ist oder wo du dich falsch verhalten hast, kannst du ihm erzählen. Gott vergibt dir gern und freut sich, wenn du zu ihm kommst und dir die Beziehung zu ihm wichtig ist. Du wirst sehen: Das macht dein Leben reich. ❊

Der Pokal in der Asche

Der Bericht von einem jungen Sportler – dem erfolgreichen Läufer Hans Krebs! Diese Geschichte hat sich tatsächlich so zugetragen.

Der kleine Hans ist ein ganz flottes Bürschchen. Obwohl er ziemlich kurze Beine hat, ist er flink wie ein Wiesel. Beim »Fangen-Spielen« erwischt ihn so leicht keiner. Er ist zwar erst zehn Jahre alt, aber er verdient sich schon ein ordentliches Taschengeld – durchs Laufen. Und das geht so:

Jeden Morgen um sechs Uhr steht Hans auf, sprintet zur Bäckerei gegenüber und holt einen großen Korb Brötchen ab. Dann verteilt er die frischen Backwaren in seinem Viertel von Haus zu Haus – und zwar alles im Laufschritt. Das macht er so flott, dass immer mehr seinen Bringdienst wünschen. Nach und nach trägt Hans Brötchen für fünf Bäckereien aus. Das ist natürlich ein super Konditionstraining.

Als die Eltern seine Sportbegeisterung bemerken, melden sie ihn im Turnverein an. Dort ist er bald so erfolgreich, dass er beim Deutschen Turnfest in München mitturnen darf.

Das größte Talent von Hans liegt im Langstreckenlauf. Sonntag für Sonntag nimmt er an Sportfesten und Wettkämpfen teil. Hierbei räumt er manche Preise ab. Sein Zimmer kann er bald mit Urkunden, Plaketten und Pokalen pflastern.

Die Erfolge im Sport machen den Knirps stolz und glücklich. Doch dann stirbt ganz plötzlich und unerwartet sein Vater an Magenbluten. Das ist schlimm, denn dem Tod kann man nicht so einfach davonrennen.

Das begreift auch Hans. Aber sein Leben ändert sich trotzdem nicht. Er ist ja noch jung. Hans trainiert jetzt für den Marathon. Jeden Tag läuft er locker zehn Kilometer.

Seit Hans' Mutter Witwe ist, muss sie ganz allein für die Familie sorgen. In ihrem Kummer sucht sie nach Trost und findet ihn bei Gott. Das kann Hans überhaupt nicht nachvollziehen. Was hat seine Mama denn von langweiligen Bibel- und Gebetsstunden? Ihm ist das alles zu öde. Aber die gläubig gewordene Mutter lässt nicht locker. Sie möchte Hans auch für Jesus gewinnen, aber der hat nur das Laufen im Kopf.

»Hans, ich bete, dass du keine Pokale mehr gewinnst, sondern das ewige Leben!«, sagt seine Mutter eines Tages. – *»Aber ich bete, dass ich weiter siege!«*, antwortet Hans keck. Offenbar wird nur das Gebet von Hans erhört, denn er gewinnt auch weiterhin. Auf keinen Fall will er still in irgendeiner Kirchbank hocken und langweilige Predigten anhören. Das ist doch nur was für alte Leute …

Es ist Pfingst-Sonntag. Über die freien Tage gibt es in der Heimatstadt von Hans eine Jugendkonferenz. Das ist ein großes Treffen von über 1.000 Mädchen und Jungs, die etwas von Gott hören wollen. Wegen des schönen Wetters soll der Jugendtag diesmal unter freiem Himmel stattfinden.

Hans' Mutter möchte so gern, dass ihr Sohn auch zu dem Jugendtag geht und etwas von Jesus hört, aber der winkt genervt ab: *»Hör bloß auf. Bei dem Wetter fromm stillsitzen? Nur das nicht!«* Hans hat kein Interesse. Er will viel lieber Sport treiben.

Schon frühmorgens trifft sich Hans mit seinen Sport-Kameraden zum Training. Sie wollen gemeinsam für den Marathon üben – das sind ungefähr 42 Kilometer Dauerlauf. In einem normalen Stadion wären das über 100 Runden! Aber Hans trainiert nicht gern im Stadion, sondern viel lieber in der freien Natur.

Gerade heute, an so einem herrlichen Frühlingstag, ist das ein Genuss. Die Freunde entschließen sich zu einem Querfeldein-Lauf rund um ihre Heimatstadt. Sie nehmen sich drei Runden vor – vorbei an den Schrebergärten, dann quer über den Bach, hinauf zum Stadtwald und von dort wieder zurück zum Ausgangspunkt. Und dann das Gleiche noch zweimal.

Als sie nach zehn Minuten verschwitzt am Waldrand ankommen, ist der ganze Berg übersät mit jungen Leuten.

Eine riesige Menschenmenge hat sich unter freiem Himmel mit Klappstühlen bewaffnet. – *»Was ist denn hier los?«*, fragt einer der Mitläufer. *»Ist das eine Demo?«* Anscheinend wissen die anderen nichts von der Jugendkonferenz. Also gibt Hans eine geringschätzige Auskunft:

»Das ist irgend so ein Christenquatsch. Da wird die Jugend verdummt und einseitig beeinflusst. Die sollten mal lieber in der schönen Frühlingsluft Sport treiben, als hier regungslos rumsitzen. Wer es im Leben zu etwas bringen will, muss seinen Körper fit halten! Stattdessen klemmen diese Leute stundenlang im Klappstuhl und hören sich eine todlangweilige Predigt an.«

Als Hans mit seinen Freunden nah an der Zuhörermenge vorbeitrabt, wird er richtig ärgerlich. Gerade besteigt ein komischer Kauz mit langem Bart das Podium. *»Was ist das denn für eine Lusche? Lassen die sich von so einer Witzfigur was erzählen?«*

Hans wird etwas übermütig und zischt seinen Freunden zu: *»Passt mal auf: Bei der nächsten Runde verstecke ich mich hinter diesem Busch da bei dem Podium. Dann warte ich einen günstigen Moment ab, springe hervor und unterbreche seine Ansprache! Ich werde lauthals rufen: ›Hör doch auf, die Jugend zu verdummen!‹«*

Hans Krebs ist ein Kerl, der immer durchzieht, was er sich vornimmt – auch wenn es das Verrückteste ist, das man sich vorstellen kann. Seine Freunde glucksen schon jetzt vor Vergnügen. *»Echt? Das traust du dich? Du bist echt cool, Hans! Das wird 'ne Gaudi.«*

Eine Runde später steuern die Marathonläufer wieder auf den Stadtwald zu. Da sitzen die 1.000 Leute immer noch stocksteif wie eine blöde Schafherde. Der Kerl predigt immer noch. Nach der langen Jogging-Runde verschnauft Hans erst mal hinter dem Dickicht und wartet auf einen geeigneten Moment.

Natürlich ist er ganz schön aufgeregt, aber auch irgendwie wütend auf das ganze fromme Getue. Gleich wird er hervortreten und seinen Zwischenruf wagen. Während er sich noch seine Worte zurechtlegt, hört er der Predigt des Redners zu. Da! Liest der nicht gerade irgendetwas aus der Bibel vor? Was ist das denn? Steht etwas über das Laufen in der Bibel ...?

»Wisst ihr nicht, dass die, die in der Rennbahn laufen, zwar alle laufen, aber einer den Preis empfängt? Lauft nun so, dass ihr ihn erlangt« (1. Korinther 9,24).

Dann ruft der Redner in die Menge: *»Habt ihr vorhin die Langstreckenläufer gesehen?«* – Ups! Der Prediger hat sie gesehen! Was wird er jetzt über sie sagen?

Hans denkt: *»Gleich wird er über den Sport herziehen und kein gutes Haar daran lassen. Bestimmt wird er gegen uns wettern, weil wir den Sonntag entheiligen und am Feiertag trainieren, statt zum Gottesdienst zu gehen.«*

Aber nein. Das alles tut der Redner nicht. Das Gegenteil ist der Fall. Der Prediger lässt sich keineswegs über die Sportler aus, sondern stellt sie den Zuhörern sogar als Vorbilder hin! Hans wunderte sich schon, dass der Kerl überhaupt den Unterschied zwischen Langstrecken- und Kurzstreckenläufern kennt. Da predigt er weiter:

»Habt ihr euch vorhin die Langstreckenläufer angesehen? Habt ihr gesehen, wie sie kämpften? Sie waren schlammbespritzt und nass geschwitzt. Einer hatte sogar sein Trikot ausgezogen, weil es ihm lästig geworden war. So müsst ihr es auch machen. Macht es den Langstreckenläufern nach! Werft alles weg, was euch hindert, das Ziel zu erreichen und den Lauf zu gewinnen!«

Wie spannend der Mann spricht! Alle hängen an seinen Lippen. Keiner schläft – am wenigsten der heimliche Horcher hinter dem Busch. – *»Los, Hans, mach schon!«*, knufft ihm ein Freund in die Rippen. *»Geh nach vorn und hau auf die Pauke!«*

Aber Hans ist längst von der Botschaft gepackt. Er hat kein Interesse mehr, dem Redner das Wort abzuschneiden. Nun spricht der Bärtige von Jesus und aus seinem eigenen Leben.

Er wurde von Jugend an christlich erzogen. Aber das fand er nur lästig. Dann wurde er Mitglied im Turnverein Nürnberg. Da spitzt Hans die Ohren! *»Aha, darum weiß er also so gut Bescheid über den Sport!«*

»Ich habe Preise, Plaketten und Pokale gewonnen«, berichtet der Prediger, *»doch dann traf ich einen, der mir begeistert von Jesus berichtete. Von dem Sohn Gottes, der freiwillig den Himmel verließ, um uns die Liebe Gottes zu zeigen. Diese Botschaft traf mich mitten ins Herz. Ich wurde Christ.«* Dann erzählt der Mann mit dem Bart weiter:

»Als ich damals nach Hause kam, hab ich in meinem Zimmer alle Siegeskränze, Urkunden und Plaketten betrachtet. Da dachte ich: Alle diese Preise haben mich nur von dem wichtigsten Ziel abgehalten. Ich habe ja nur für den Sport gelebt und Gott ganz vergessen. Also, weg mit dem Kram – hinein in den Ofen!

Und wisst ihr, was davon übrig geblieben ist? Eine Handvoll Asche und ein bisschen Draht. Das war die ganze Errungenschaft von vier Jahren Wettkampf. Mehr blieb nicht übrig. Und ich meinte, diese Asche könnte mein ganzes Leben ausfüllen.«

Hans hinter dem Busch zuckt innerlich zusammen. Genauso war es auch bei ihm. Er muss dem Mann auf der Kanzel recht geben. Er spricht in so einer anziehenden Art, dass Hans auch Christ werden möchte. Hans dreht sich zu seinen Sportsfreunden um und sagt: *»Ich laufe nicht mehr mit. Ich glaube, ich habe jetzt ein wichtigeres Ziel gefunden. Ich beginne ein neues Leben mit Jesus!«*

Könnt ihr euch vorstellen, was da los war? Die Freunde hörten sofort auf, Hans' Freunde zu sein. Sie nannten ihn

»Feigling«, »fromme Memme« und *»Klappstuhlhocker«*. Aber das war Hans egal. Er wollte von jetzt an so laufen, dass er den wichtigsten Lauf gewinnt. Er wollte von da an seine ganze Kraft einsetzen, damit Menschen Jesus Christus finden.

Später verkaufte Hans sein Erbe und zog mit seiner Familie ins Allgäu. Dort baute er ein Gasthaus um und begann mit christlichen Jugendfreizeiten. Zwei Jahre später passierte ein schreckliches Unglück: Drei Söhne von Hans Krebs stürzten bei einer Bergtour tödlich ab. Diese Tragödie erschütterte Familie Krebs zutiefst, aber warf sie nicht aus der Bahn.

Die Art, wie die Familie nach diesem Unglück Trost fand, führte viele, viele junge Menschen zu Jesus. Hans reiste mit Vorträgen um die halbe Welt und veröffentlichte ein Buch mit der Geschichte seiner Söhne – »DREI AM HIMMELHORN«. Trotz dieses tragischen Verlusts sagt Hans Krebs rückblickend über sein Leben: *»Gott, du hast mein Leben so reich gemacht!«* ⁂

Gewonnen

Wann hast du deinen letzten Brief bekommen? Schon lange nicht mehr? In einigen Briefkästen könnten Vögel schon ihre Nester bauen – so selten kommt da mal was reingeflattert. Leider verschickt heute kaum noch jemand Briefe. E-Mails oder Kurznachrichten sind da eher angesagt. Aber gleich kommt der Briefträger zum Flugplatz am Schanzer Kopf. Sei mal gespannt, was er mitbringt ... Und ab geht die Post.

Es ist Samstagmorgen, neun Uhr. Liesel, Pitt, Hanna und Etienne frühstücken gerade auf der Terrasse. Heute ist herrliches Wetter. Genau richtig für ein Frühstück an der frischen Luft. Hanna pellt gerade ihr Frühstücks-Ei, als ein Geländewagen mit einem langen, weißen Anhänger den schmalen Weg zum Schanzer Kopf hinaufgeschlichen kommt.

»Ach, das sind die Leute, die gleich mit ihrem Segelflieger starten wollen«, sagt Pitt. *»Die ziehe ich mit meinem Doppeldecker über die Startbahn und dann segeln sie über Winkelstädt. Heute ist ja bestes Flugwetter.«*

Direkt hinter dem Segelflieger-Hänger fährt ein gelber Golf auf den Schanzer Kopf. *»Aha, und da ist ja auch die Postkutsche!«*, ruft Hanna begeistert und springt vom Frühstückstisch auf. Sie wartet nämlich sehnsüchtig auf einen Brief.

Der Jeep mit den Einzelteilen des Segelflugzeugs im Schlepptau poltert über den Hof. Dann bleibt er ganz dicht vor der Landebahn stehen. *»Willkommen am Schanzer Kopf«*, ruft Pitt den beiden Fluggästen zu. *»Darf ich eben noch zu Ende frühstücken? Dann komme ich zu Ihnen.« – »Ja klar«*, erwidern die beiden Männer aus dem Jeep. *»Nur die Ruhe. Wir bauen in der Zeit schon mal den Segelflieger zusammen.«*

Jetzt hält auch das gelbe Postauto vor Liesels Gasthaus. *»Moin!«*, ruft der Briefträger kurz und wirft schwungvoll einen Stapel Briefe auf die Treppenstufen der Terrasse. Dann schwingt er sich rasch wieder ins Auto, knallt die Tür zu und braust davon. *»Der hat's aber eilig. Bestimmt war der lahme Hänger mit dem Segelflugzeug die ganze Zeit vor ihm …«*

Hanna springt ein paar Stufen von der Terrasse herunter, bückt sich, schnappt sich den Poststapel und blättert ihn fieberhaft durch. *»Och nö. Schon wieder nichts für mich dabei. Wann schreibt Linda denn endlich zurück?«* Du musst wissen: Linda ist Hannas Brieffreundin.

»Hier, Etienne, dieser Brief ist für dich!« Enttäuscht schiebt sie dem lustigen Flugzeugmechaniker den bunten Umschlag zu. *»So, und hier sind noch zwei Briefe für Onkel Pitt. Und der hier ist für Frau Lieselotte Diesel.«*

»Was ist das denn? Zeig mal her.« Liesel, Hannas Mutter, nimmt das Kuvert mit gerunzelter Stirn entgegen.

»Oh, irgendwas Wichtiges. Hoffentlich nichts vom Finanzamt. Ich weiß so schon nicht, wie ich all meine Rechnungen bezahlen soll.« Liesel stellt ihre Kaffeetasse ab und öffnet den dicken Umschlag mit dem Frühstücksmesser. *»Was schicken die mir denn da bloß?«*

Etienne, der seinen Brief schon aufgerissen hat, ruft: *»Isch 'abe gewonnen! Isch Glückspilz 'abe 100 Euro gewonnen!!«* Sein kleiner Hund Crêpes springt erschrocken unter dem Tisch hervor und kläfft aufgeregt.

Pitt beugt sich zu seinem Freund Etienne und schaut sich den Brief genauer an. Es ist die Mitteilung einer Lotterie-Gesellschaft. In dem Brief steht: *»Sie haben schon so gut wie gewonnen. Füllen Sie nur diese Teilnahmekarte aus. Damit erhalten Sie das Premium-Privileg-Los mit Gewinn-Garantie. Wir belohnen die 100 ersten Einsender mit jeweils 100 Euro …«*

»Aber schau mal hier, das Kleingedruckte«, zeigt Pitt. *»Da steht:* ***Hiermit bestellen Sie drei Premium-Lose für nur 33 € oder ein Premium-Privileg-Los für 99 €.*** *Das heißt, du musst auf jeden Fall 99 Euro bezahlen, um vielleicht 100 Euro zu gewinnen. Etienne, lass das lieber.«*

»Aber warum? 'ier steht doch: 100 Euro sind sicher für misch. Und wenn isch auch noch habe diese Los, dann isch kriege vielleicht nicht nur 100 Euro, sondern sogar die ganze Jackpot von zwei Millionen Euro. Isch glaube, das lohnt sich.«

»Etienne, auf so ein Werbeversprechen kann man sich nicht verlassen. Millionen Leute kriegen diesen Brief und vielleicht machen da hunderttausend Leute mit. Aber nur hundert kriegen – vielleicht – 100 Euro«, erklärt Pitt. *»Was steht denn in deinem Brief, Mama?«*, ruft Hanna dazwischen.

»Hm, das klingt wie ein Aprilscherz. Es ist ein Brief vom Amtsgericht Bad Boll.« – »Wie bitte? Was haben wir denn mit dem Gericht zu tun?«, fragt Hanna entsetzt.

»Warte, ich lese es dir vor: ***Sehr geehrte Frau Diesel. Das Nachlassgericht Bad Boll hat Ihnen die erfreuliche Mitteilung zu machen, dass …*** *Ach, das ist etwas zu kompliziert. Ich erklär's dir: Die behaupten, dass ich von einer Großtante, von der ich aber noch nie was gehört habe, einen Oldtimer und ein Motorrad mit Beiwagen erbe.« – »Waas? Zeig mal her!«*, ruft Pitt erstaunt.

Genauso Etienne, der alte Motorräder über alles liebt.

»Oh, wie 'errlisch. Eine alte Motorrad mit Beiwagen!«, schwärmt Etienne, der nur einen klapprigen Roller fährt.

»Was ist denn ein Beiwagen?«, fragt Hanna. *»Eine Beiwagen? Das ist so eine kleine Sitz neben die Motorrad, das aussieht wie eine angeschraubte Seifenkiste«*, schwärmt Etienne und benutzt Hände und Füße, um es Hanna zu erklären. *»Eine Oldtimer ist eine ganz altes Auto«*, erzählt er weiter.

»Kann man DAS denn glauben?«, überlegt Liesel. *»Das klingt aber sehr unglaubwürdig. Eine alte Frau, die ich nicht kenne, will mir angeblich zwei Fahrzeuge vererben. Da stimmt doch was nicht ...!«*

»Guck mal, steckt da nicht noch mehr in dem Kuvert?«, fragt Hanna. Liesel greift noch mal in den Umschlag. Und richtig: *»Oh ja, tatsächlich. Hier ... eine beglaubigte Kopie vom Testament und von den Fahrzeugscheinen.«* – *»Ist denn auch ein Foto von den Oldtimern dabei?«* – *»Nein, kein Foto. Leider kann man sie nicht sehen!«*

»Mama, wie hieß denn die Großtante von uns?« – Mit gerunzelter Stirn sucht Liesel in dem Schreiben: *»Hier steht Agathe Nagelschmidt. Aber der Name sagt mir gar nix. Ich kenne keine Agathe Nagelschmidt, und das mit den beiden Oldtimern glaub ich schon gar nicht. Ich schmeiße das ganze Schreiben besser in den Müll!«* – *»Aber Mama, warte! Ist der Brief nicht von einer Behörde mit einem Stempel beglaubigt, also bestätigt worden?«*

»Ja, doch.« – »Und guck mal da! Hier in dieser Kopie steht: Agathe Nagelschmidt, geborene Diesel. Dann sind wir ja vielleicht tatsächlich mit der verwandt. Auch wenn wir sie nicht kennen. Wir sollten uns mal bei denen in Bad Boll melden und die Sache nachprüfen …«

»Das meine ich aber auch!«, sagt Pitt. *»Etienne, weißt du was? Daran kann ich dir gut erklären, was richtiger Glaube ist und was nicht.« – »Aha, rischtiger Glaube. Da ich sein sehr gespannt«*, meint Etienne verwundert.

»Nun, weißt du, die Bibel ist wie dieser beglaubigte Brief aus Bad Boll – wie eine bestätigte Benachrichtigung von Gott. Er hat sie sozusagen selbst diktiert. Und der Herr Jesus hat gesagt, dass von Gottes Wort nichts unerfüllt bleibt. Das heißt, dass restlos alles, was darin steht, genauso passiert ist oder so passieren wird.

In der Bibel steht, dass Gott uns auch etwas vererbt. Er hat uns quasi sein Testament geschrieben. Ja, deshalb heißen die beiden Teile der Bibel auch Altes und Neues Testament. Hier wird uns Menschen eine wunderbare Zukunft angeboten. Im Kolosserbrief, Kapitel 1, Vers 5 steht nämlich: ***»Wir danken … Gott … wegen der Hoffnung, die für euch aufgehoben ist in den Himmeln.«***

Wenn wir an Jesus Christus glauben, erwartet uns also nach dem Tod ein Leben im Himmel bei Gott. Darauf können wir uns jetzt schon freuen. Und was Jesus Christus verspricht, sind keine leeren Versprechungen. Was in der Bibel steht, kann man an vielen Stellen nachprüfen. Gott hat sozusagen ein paar Belege beigefügt. Aber trotzdem müssen wir Gottes Aussagen glauben. Wir können noch nichts davon sehen – aber wir können es nachlesen und Erfahrungen mit ihm machen.

Wenn wir ein bisschen nachforschen, erleben wir, dass das alles tatsächlich glaubwürdig ist. Richtiger Glaube stützt sich auf Tatsachen und ist kein Ratespiel. Echter Glaube ist keine Vermutung, sondern felsenfestes Vertrauen.

Guck mal hier, hier steht es«, sagt Pitt und liest aus seinem kleinen Neuen Testament vor: *»Im Hebräerbrief, Kapitel 11, Vers 1: ›***Der Glaube aber ist eine Verwirklichung dessen, was man hofft, eine Überzeugung von Dingen, die man nicht sieht.***‹ Glauben heißt also, die Wahrheit anzuerkennen, die man nicht sieht.*

Von Abraham, dem großen Vorbild im Vertrauen auf Gott, steht ein paar Verse weiter, dass er überzeugt war, dass Gott sein Versprechen halten würde. Abraham spielte kein Lotto, sondern war überzeugt, dass Gott zu 100 Prozent vertrauenswürdig ist. Er glaubte unbeirrt an Gottes Zusage, weil er wusste, dass Gott alle seine Versprechen einhält. Abraham vertraute, weil er Gott gut kannte. Er wusste: Was Gott verspricht, das wird er halten, weil er treu ist.

Glauben heißt: Ich nehme das gerne an, was Gott mir so freundlich anbietet. Aber was Menschen versprechen, ist nicht immer glaubwürdig. Etienne glaubte, er könne mal eben 100 Euro gewinnen, aber das war ein unglaubwürdiger Brief. Liesel glaubte erst nicht und jetzt – immer noch nicht? Na, vielleicht können wir sie ja noch überzeugen. Ich würde nämlich gerne mal mit den beiden alten Fahrzeugen hier am Schanzer Kopf eine Probefahrt machen. Los, Leute, wir sollten mal in Bad Boll anrufen.«

——— ◆ ———

Gar nicht immer so einfach, zu wissen, was richtig und wahr ist und was nicht, stimmt's!? Dem Brief aus Bad Boll lagen Beglaubigungen bei, also Beweise. In der Bibel finden wir viele Hinweise, warum wir Gott vertrauen können. Überzeug dich doch selbst und lies darin! Da stehen viele Geschichten von Leuten drin, die es erlebt haben. Und du kannst es auch erleben. Die Bibel ist voller Versprechen – und nicht voller Vermutungen.

Glaube dem, was Gott dir durch die Bibel sagt! Wir können seinen Versprechen glauben, weil Gott nicht lügt. Er ist absolut zuverlässig. Sein Wort ändert sich nie. Er war treu, er ist treu und er wird für immer treu bleiben. Sein Wort gilt.

——— ◆ ———

»Herr Diesel, wir sind so weit!« – »Ups, jetzt hätte ich ja fast die beiden Segelflieger vergessen. – Ja, ich komme sofort. – Was fragen die? Ob man mir vertrauen kann? Na, überprüft mal besser das Abschleppseil!« ❃

Monte Christo

Heute geht es um einen waghalsigen Ausbruchsversuch aus einer Felsenfestung. Die Geschichte ist zwar frei erfunden, aber sie kann uns als gutes Beispiel dienen.

Vor ungefähr 200 Jahren hat sich Alexandre Dumas einen packenden Roman ausgedacht. Das Buch wurde weltberühmt und bereits mehrmals verfilmt. Bestimmt hast du schon davon gehört. Es heißt »DER GRAF VON MONTE CHRISTO« – ... Aber wer ist dieser »Graf von Monte Christo«?

Eigentlich heißt er Edmond Dantès. Er ist jung und unternehmungslustig, aber leider etwas gedankenlos. Noch ist er der Erste Offizier auf einem Segelschiff. Aber weil der bisherige Kapitän verstorben ist, soll er dessen Platz einnehmen. Außerdem ist in Kürze Edmonds Hochzeit mit der schönen Mercédès geplant. Edmond Dantès' Glück scheint nichts mehr im Wege zu stehen ...

Doch da bricht das Unglück über ihn herein. Dantès merkt nicht, dass er sich ein paar Freunde zu Feinden gemacht hat: Sie beneiden ihn um seine Karriere auf dem Segelschiff und natürlich auch um die schöne Mercédès.

Am Abend vor seiner Hochzeit wird Dantès plötzlich hinterhältig verhaftet und falsch beschuldigt. Ohne eine ordentliche Gerichtsverhandlung wird der arme Tropf zu einer lebenslangen Kerkerhaft verurteilt. Er wird auf die Gefängnisinsel Château d'If geschleppt. Schauen wir doch mal in das Verlies tief unten in der Festung:

Schon über 14 Jahre sitzt Edmond Dantès in diesem finsteren Verlies. Eingekerkert auf diesem winzigen Felsen vor dem Hafen von Marseille – tief unten im feuchten Keller der Strafinsel. Dantès hat seit Jahren keinen Sonnenschein erblickt. Nur ein flackerndes Öllämpchen vor der Gittertür bringt etwas Licht in seine Zelle. Alles ist klamm und kalt und feucht. Edmond Dantès verschimmelt bei lebendigem Leib.

Dantès ist verzweifelt. Die jahrelange Einzelhaft hat ihn willenlos gemacht. Er beschließt, seinem Leben ein Ende zu setzen. Seit Tagen verweigert er das Essen. Den klebrigen Hirsebrei, den die Wärter ihm vorsetzen, rührt er nicht mehr an.

Doch eines Nachts hört Dantès leise Klopfgeräusche. Was ist das? Ein Scharren und Kratzen und Klopfen. Gräbt sich da jemand durch das Felsgestein? Dantès' Lebenswille kehrt schlagartig zurück. Gespannt horcht er tagelang auf das näher kommende Scharren. Will ihn jemand befreien?

Da! Bewegt sich da nicht ein Quader seiner Zellenwand? Hastig krallen sich Edmonds lange Fingernägel in die

Steinfugen. Mit aller Kraft zerrt er an dem Steinblock. Und der Stein gibt tatsächlich nach. Dantès starrt in die sich auftuende Mauerlücke und erschrickt.

Zwei verzweifelte Augen schauen ihm aus dem engen Loch entgegen. Ein zerbrechlicher alter Mann rappelt sich auf und fällt entkräftet in Edmonds Zelle. Der geheimnisvolle Tunnelgräber ist Abbé Faria. Wie sich herausstellt, ist er ein Mitgefangener, der versehentlich einen Schacht in Dantès' Zelle gebuddelt hat. Die mühselige Arbeit von Jahren endet in der Nachbarzelle statt in der Freiheit.

Aber endlich haben die beiden Gesellschaft. Durch den engen Schacht können sie sich gegenseitig unbemerkt besuchen. Sie wissen genau, wann die Wächter ihre Kontrollgänge machen, und nutzen die endlosen Stunden dazwischen. Wie sie den Austausch genießen! Nach Jahren der Isolation sprudeln sie beide über. Sie haben sich so viel zu erzählen.

Abbé Faria ist ein Gelehrter mit erstaunlichen Kenntnissen. Er erteilt Dantès geduldig Unterricht in einer Vielzahl von Wissenschaften und Sprachen. Der alte Mann wird für Edmond ein guter Freund. Dennoch leiden sie an den strengen Haftbedingungen.

Und so beschließen die beiden Männer, einen weiteren Tunnel zu graben, der sie in die Freiheit führt. Aber der Fels ist ohne vernünftiges Werkzeug kaum zu unterhöhlen. Nach Monaten fleißiger Grabarbeit mit Löffeln und Scherben haben sie erst wenige Meter geschafft.

Faria soll die Fertigstellung dieses Tunnels nicht mehr erleben. In all der Aufregung, der Mangelernährung und Entkräftung erleidet er einen Schlaganfall. Halb gelähmt ahnt der alte Mann, dass er bald sterben wird. Daher vertraut er Dantès ein unglaubliches Geheimnis an:

»Mein lieber Edmond. Ich trage ein lange verschwiegenes Geheimnis mit mir herum. Wenn du da draußen bist … wenn du dieses schreckliche Verlies verlassen kannst, das mein Grab werden wird, dann …« Hier unterbricht Abbé Faria seine Rede und holt noch einmal tief Luft. Nur mühsam kann er seinen Satz beenden: *»Dann suche – dann suche die Insel Monte Christo. Dort – unter dem Kamin eines alten Fischerhauses liegt ein – ein sagenhafter Schatz verborgen. Ich vermache ihn dir. Er wird dich zu einem vermögenden Mann machen.«*

Tatsächlich schließt der alte Abbé kurz darauf für immer seine Augen. Edmond kann es nicht fassen und weint stundenlang über den Verlust seines einzigen Freundes. Doch da hört er Schritte. Er muss rasch zurück in seine Zelle. Wie auch all die anderen Male robbt er durch den schmalen Gang und verschließt den engen Schacht mit einem Stein.

Ein Gefängniswärter, der die Abendmahlzeit bringt, sieht, dass der alte Gefangene gestorben ist. Er ruft den

Kommandanten des Gefängnisses. Kurz darauf wird Farias Leiche hastig in einen groben Leichensack gesteckt und erst mal in seiner Zelle liegen gelassen. *»Morgen früh werft ihr ihn über die Festungsmauer ins Meer«*, hört Edmond den Kommandanten sagen. In dieser Nacht ahnt Edmond, dass der Tod seines Freundes seine Rettung werden kann. Wenn er nur anstelle des Freundes …

Nach langem Zögern gelingt es Dantès, den toten Freund auf seine Pritsche zu schleppen und unbemerkt selbst in den leeren Leichensack zu kriechen! Dann stellt er sich tot und wartet mit stockendem Atem ab.

Er hört Schritte. Die Gittertür quietscht und eine Stimme sagt: *»Los, tragt die Leiche raus.«* Dann packen ein paar kräftige Arme nach ihm und heben ihn auf. Völlig regungslos tut Edmond die ganze Zeit so, als sei er tot. Wenn sie seinen Herzschlag spüren oder die Wärme seiner Haut oder seinen Atem … Es geht über muffige Treppen, lange Gänge und einige Türen hinaus ans Sonnenlicht.

Oben auf der Festungsmauer wird er anstelle des Toten über die Zinnen des Gefängnishofs ins Meer hinabgeworfen. Edmond muss alle Beherrschung zusammennehmen, um nicht zu früh zu zappeln. Wie ein Kartoffelsack lässt er sich hinab in die Tiefe fallen.

Er sinkt und sinkt und fürchtet in der Enge zu ertrinken. Mit knapper Not schafft er es, sich unter Wasser aus dem zugenähten Leichensack freizustrampeln. Unbemerkt schwimmt er unterhalb der Festungsmauer unter die schützenden Klippen. Dort versteckt er sich. Er lebt – und er ist frei – nach über 15 Jahren.

Erst am Tag darauf wird er von einem Schmugglerboot mitgenommen. Auf der Insel Monte Christo findet Dantès tatsächlich den versprochenen Schatz ... Ab da nennt er sich »der Graf von Monte Christo«.

Echt spannend, die Geschichte vom »Graf von Monte Christo« – oder? Es sollte eine Seebestattung werden – aber es wurde das Schlupfloch zu seiner Befreiung! Es sollte sein Leichensack sein – aber es wurde der Strampelanzug seines neuen Lebens! Eigentlich sollte er im Wasser sein Ende finden – tatsächlich fand nur sein Elend ein Ende.

Ich finde, man kann die Rettung von Edmond Dantès sehr gut mit dem Glauben an Jesus Christus vergleichen. Wieso? Lies dazu mal den Abschnitt aus Römer 6:

»Oder wisst ihr nicht, dass wir, so viele auf Christus Jesus getauft worden sind, auf seinen Tod getauft worden sind? So sind wir nun mit ihm begraben worden durch die Taufe auf den Tod ...« (Verse 3 und 4).

Diese schwierigen Sätze möchte ich dir näher erklären:

Jemand, der an Jesus glaubt und sich deshalb auch taufen lassen möchte, tut eigentlich das, was auch Dantès tat.

Verstehst du diesen Vergleich? Wodurch wurde Edmond gerettet? War es sein Tunnel, den er sich mühsam gegraben hatte? Nein. Alles Buddeln war völlig vergeblich. Es kam ganz anders als geplant.

Erst der Tod seines geliebten Gefährten wurde seine Rettung! Seine Seebestattung wurde seine Freilassung. Weil Abbé im Gefängnis starb, öffnete sich für Dantès die Gefängnistür. Weil der Freund sein Leben verlor, konnte Dantès Rettung finden und in Freiheit leben.

Aber dazu musste er förmlich in den Tod seines Retters schlüpfen. Die anschließende »Seebestattung« sah zwar aus wie sein sicheres Ende, aber sie führte zu seiner endgültigen Befreiung. Edmond Dantès wurde gerettet, weil er sozusagen in den Tod seines Freundes hinein »getauft« wurde.

Aus dem Römer-Brief erfahren wir auch, dass es bei einem, der an Jesus glaubt und sich taufen lässt, genauso ist wie bei dem Grafen von Monte Christo. Der Vergleich ist nicht weit hergeholt, denn dort lesen wir:

»Oder wisst ihr nicht, dass wir, so viele auf Christus Jesus getauft worden sind, auf seinen Tod getauft worden sind? So sind wir nun mit ihm begraben worden durch die Taufe auf den Tod …« (Römer 6,3.4).

Nur das rettet uns: der stellvertretende Tod von Jesus Christus! Und nichts anderes. Wir müssen uns nur wie Dantès ganz darauf verlassen, dass sein Tod unsere Rettung bedeutet. Jesus Christus musste tatsächlich sterben, damit wir leben können. Wie Abbé Farias Tod die Rettung und die Befreiung für Dantès bedeutete. Wir dürfen in diese Tatsache wie in den rettenden Leichensack hineinkriechen.

Hast du schon mal gebetet und Jesus, dem Herrn, ganz bewusst dafür gedankt? Hast du ihm jemals bekannt: *»Herr, dein Tod bedeutet meine Rettung. Deine Stellvertretung ist meine Befreiung. Dein Sterben hinterlässt mir einen wunderbaren Schatz!«*?

Weiter steht in Römer 6, Vers 6: *»... da wir dieses wissen, dass unser alter Mensch mitgekreuzigt worden ist, damit der Leib der Sünde abgetan sei, dass wir der Sünde nicht mehr dienen.«*

Nachdem wir an Jesus Christus gläubig geworden und getauft worden sind, sollen wir also ein völlig verändertes Leben an den Tag legen. Durch den Tod von Jesus Christus steht uns die Befreiung aus dem Gefängnis unserer Schuld offen. Durch seine Auferstehung führt er uns in ein Leben der Freiheit. Wer dem Wort von Jesus Christus fest vertraut, wird auch Schätze finden. Für den hält Gott wunderbare Belohnungen bereit. ❁

Wieder aufgetaucht

Eine ungewöhnliche Geschichte, die sich aber genau so ereignet hat. Durch Zufall kam ein Geheimnis wieder ans Tageslicht – und ein paar Kinder waren dabei nicht unbeteiligt. Aber lies selbst, wie es dazu gekommen ist.

Eigentlich begann die Geschichte mit einer großen Enttäuschung. Unsere Familie wollte im Allgäu campen. Wir suchten einen Campingplatz in den Bergen. Der Platz sollte aber auch möglichst nah an einem See liegen, damit wir Kinder planschen und paddeln konnten.

Nach einiger Suche fand Papa tatsächlich so einen Platz – und zwar am Forggensee – ganz in der Nähe vom berühmten Schloss Neuschwanstein im schönen Schwangau. Ein hoher Zaun trennte das Camping-Gelände ab.

Papa bezahlte eine Gebühr und wir durften durch das Eingangstor fahren. Endlich waren wir am Ziel. Jetzt mussten wir nur noch einen passenden Zeltplatz ergattern. Da! Neben einer Haselnuss-Hecke war ein schönes Fleckchen. Das war genau das Richtige für uns. Während unsere Eltern das Zelt aufbauten, rannten wir Kinder schon mal zum Seeufer. Wir freuten uns auf den klaren, erfrischenden Bergsee nach der langen Autofahrt …

So hatten wir es uns ausgemalt. Aber denkste! Erschrocken stellten wir fest, dass der Forggensee aussah wie ein frisch gepflügter Acker! Statt eines blauen Wasserspiegels lag eine trostlose Mondlandschaft vor uns. Das ganze Wasser war weg. Ratzeputz trocken. Wie war das möglich?

Ein Mann mit einer Zeitung in der Hand saß vor seinem Wohnmobil am Steg und schaute uns belustigt hinterher. *»Na, ihr Trockenschwimmer? Wollt ihr ein Moorbad nehmen? Ha, ha …«* Dann erklärte er uns freundlicherweise, dass der Forggensee ein Stausee sei und von Zeit zu Zeit abgelassen werden müsse.

So ein Käse. Pech gehabt. Deshalb war kein Wasser da! Ein Stausee, der ab und zu geleert wird. Warum hatte uns das keiner vorher gesagt? Und im Camping-Prospekt stand auch nichts davon. Papa würde jetzt bestimmt zu keinem anderen Zeltplatz mehr aufbrechen wollen. Für diesen Urlaub konnten wir Schlauchboot und Taucherbrille vergessen …

Enttäuscht stapften wir ein wenig durch den Ufermorast und rannten dann zurück zu unseren Eltern. Schöne Pleite. Aber Mama und Papa nahmen es locker. *»Ist es nicht wunderschön hier? Kaum Leute, diese Berge, die Burgen, die bayrischen Bauernhöfe? Wart ihr schon auf dem Spielplatz?«*

Wir fanden das alles ziemlich langweilig. Wenigstens erlaubten sie uns, mit Eimern und Strandschaufeln bewaffnet im abgelassenen See auf Entdeckungstour zu gehen.

»Iiehh!« Was hier alles zum Vorschein kam: alte Autoreifen, leere Getränke-Dosen, eine rosa Badehose, kaputte Teller, eine Schwimmflosse – der Müll von tausend Campern. Na ja, immerhin eignete sich das gähnend leere Seebecken als ein großartiges Abenteuergelände für uns Kinder.

Hier gab es viel zu entdecken. Überall lag Neugier erweckendes Strandgut verstreut. Und das Beste: Weit und breit war keine Menschenseele zu sehen! Wir waren bis jetzt offensichtlich die einzigen Forggensee-Forscher. Nur ein paar Hunde von Spaziergängern tobten durch den Schlamm. Das mussten wir ausnutzen. Wir würden als Erste alle Schätze heben.

Nach Herzenslust pulten wir im Morast und gruben rätselhafte Fundstücke aus. Verbogene Klappstühle, rostige Zeltstangen, gesunkene Luftmatratzen. *»Schau mal, eine Brille! Die Gläser sind sogar noch drin!«*, rief meine Schwester. *»Iieh, und hier ein vergammelter Fisch, riecht ihr, wie der stinkt?« – »Seht euch das mal an: Eine Kühltasche voller Klumpatsch: Könnte mal Joghurt, Obst und Schokolade gewesen sein. Paah, aber ich denke, das Haltbarkeitsdatum ist leider schon abgelaufen …«*

Plötzlich fiel mein Blick auf etwas Glitzerndes. Es funkelte nur leicht auf dem schmutzigen Untergrund. War das ein goldenes Kettchen oder ein Metall-Armband? Endlich etwas Wertvolles! Aufgeregt packte ich in den sandigen Schlamm.

Nein. Doch kein Goldkettchen. Es war nur eine goldene Schnur, eine Art Geschenkband, das ein kleines, längliches Päckchen umschnürte.

Wie spannend! Ein winziges Paket, das hier noch ungeöffnet auf Entdeckung gewartet hatte. Neugierig drängten sich meine Geschwister um das feuchte Etwas in meiner Hand. *»Wo kommt das denn her?«* – *»Ich hab das nur entdeckt, weil die goldene Kordel so funkelte«*, kommentierte ich meinen Glückstreffer. Aber was verbarg sich in dem lehmigen Paket? Und wieso lag es hier am Grund des Sees, fast 100 Meter vom Ufer entfernt?

Sorgfältig streifte ich die goldene Kordel ab und schlug Lage für Lage feuchtes Papier auseinander. Hmm. Doch nichts drin? Doch halt: Ein eng gefaltetes Briefchen kam zum Vorschein. Zwar nass, aber unversehrt und noch gut zu lesen. *»Oooooch, nur ein Zettel!«*, gab mein Bruder enttäuscht von sich. *»Was steht denn da drin? Lies doch mal vor. Mach's nicht so spannend!«*

Was sollte das? Wer verpackte denn nur eine Nachricht mit goldener Schnur und viel Papier, um sie dann in einen See zu werfen? Das war doch unlogisch. Oder handelte es sich hier vielleicht um einen handgeschriebenen Schatzplan zum Nibelungen-Schatz?

Wir ließen unserer Fantasie freien Lauf: *»Das ist bestimmt das Testament eines Ertrunkenen ...«* – *»Quatsch! Wie hätte er dann noch etwas aufschreiben können?!«* –

»Vielleicht ist es ja nur ein alter Liebesbrief, den jemand aus Liebeskummer hier versenkt hat?« – »Könnte sein …« – »Jetzt lies es doch endlich mal vor …«

»Wenn das so einfach wäre. Die Schrift ist wirklich schwer zu entziffern! – ***Hier ver-pa-cke ich*** *…«* Von wegen Schatzkarte oder Testament! Das war ein sehr trauriger Brief. Ich las ihn vor:

»Hier verpacke ich alle meine schlimmen Erlebnisse, meine schlechten Gedanken, mein schreckliches Fehlverhalten, mein böses Gewissen, das mich belastet hat, und schmeiße alles zusammen in die Tiefe des Wassers. Die Strömung soll es wegtragen. Ich kann es nicht mehr tragen! Ich will frei davon sein. Ich will unbelastet sein. Der See trage es für mich.« N. G. aus Speyer

Oh weh! Da hat sich wohl jemand seinen Kummer von der Seele geschrieben. Und anschließend wollte er oder sie unbemerkt seine Schlechtigkeit loswerden und hat sie in einem Stausee versenkt.

Dummerweise haben ein paar Kinder es wieder hervorgeholt! Ganz unbeabsichtigt wurde es von »Kommissar Zufall« wieder ans Tageslicht befördert. Peinlich, oder? Dieser Person ging es bestimmt wie uns Kindern: Wir ahnten auch nichts von dem Stausee – und dass er einmal im Jahr abgelassen wurde. Tja, so kann es gehen.

Während wir zurück zum Campingplatz schlenderten, las ich noch mal den Zettel durch.

Nachdem ich ihn auch unseren Eltern vorgelesen hatte, fragte mein kleiner Bruder: *»Papa, sind denn diese Sünden, die auf dem Zettel stehen, jetzt wirklich weg?«*

Tja, was meinst du? Kann man so seine Sünden loswerden? Einfach auf einen Zettel schreiben, ins Wasser schmeißen und weg damit? Sind die Sünden dann wirklich weg?

Nein, leider nicht. Unsere Sünden sind wie ein Bumerang, sie kommen irgendwann auf uns zurück! Irgendwann tauchen sie wieder auf. Manchmal kommen sie erst nach Jahren wieder ans Tageslicht. Manchmal auf ganz ungeahnte Weise. So wie der Zettel im Forggensee.

Da ruderte also jemand auf den See hinaus, um etwas loszuwerden. Jemand, der sich die Sünden selbst vergeben wollte! War es ein Mann oder eine Frau? War er oder sie alt oder jung? Keine Ahnung.

Was war da bloß vorgefallen? Wieso rudert jemand über den Forggensee und wirft dann einen Brief mit seinem Schuld-Geständnis über Bord? Bestimmt hatten diese Dinge denjenigen schon lange niedergedrückt und belastet. Aber niemand sollte etwas davon erfahren. Die

Schuld sollte unbekannt bleiben und trotzdem nicht mehr das Herz belasten – nie mehr.

Aber jetzt hielt ich das tief-versenkt-geglaubte Papier in meiner Hand. Ja, unsere Sünden sind wie ein Bumerang, sie kommen irgendwann zurück!

Schuld, die nicht bekannt wird, wird irgendwann bekannt, kommt irgendwann zurück. Es gibt nur einen Ausweg. Und das ist genau wie bei dem Bumerang:

Wenn in Australien ein Ureinwohner seinen Bumerang wirft, landet er nach einem weiten Bogen wieder bei ihm. Ein Bumerang kommt immer wieder zurück zu dem, der ihn losgeworfen hat.

Außer ... Ja, wann nicht? Außer, wenn der Bumerang unterwegs etwas getroffen hat. Ein Känguru oder ein Kaninchen. Irgendein Opfer, das den Bumerang mit voller Wucht abbekommt. Dann kommt der Bumerang nicht wieder zurück.

Du wirst deine Schuld nicht los, wenn du sie von dir abschüttelst oder sie in der Tiefe des Vergessens untergehen lässt. Nein. Irgendwann taucht sie dann wieder auf. Deine Schuld muss vor Gott ausgesprochen werden, denn er vergibt sie uns.

In der Bibel steht dazu ein Vers, der uns den wirklichen Ausweg zeigt:

»(Gott) wird sich unser wieder erbarmen, wird unsere Ungerechtigkeiten niedertreten; und du wirst alle ihre Sünden in die Tiefen des Meeres werfen« (Micha 7,19).

Der Forggensee ist höchstens 35 Meter tief. Aber Gott versenkt in die tiefsten Tiefen der Unerreichbarkeit. Die tiefste Stelle aller Weltmeere ist etwa 11.000 Meter tief. Das ist so unfassbar tief, dass dort gewöhnliche U-Boote zerdrückt werden. Elf Kilometer! Da kommt keiner je wieder dran!

Und warum kann Gott unsere Sünden vergeben? Weil unser Bumerang der Schuld den Herrn Jesus traf. Er hat die Strafe für unsere Schlechtigkeit auf sich genommen. Er hat damals, als er am Kreuz hing, die volle Wucht unserer Sünden abbekommen. Er wurde das Opfer für unsere Sünden. ❊

Der heiße Draht

Achtung Rätselfreund! Hier kommt eine ganz harte Nuss. Aber vielleicht knackst du sie ja mit ein wenig Spür- und Scharfsinn. Stell dir vor, du wärst Agent und hättest über Funk diese merkwürdige Geheimbotschaft abgefangen:

Zwölf Boxkämpfer jagen Viktor
quer über den großen Sylter Deich

Na, kannst du damit was anfangen? Keine Ahnung, was das bedeuten soll? Gut, dann hab ich hier noch einige andere Sätze – vielleicht kommst du dann dahinter …

Welch fieser Katzentyp
quält da süße Vögel bloß zum Jux?
Falsches Üben von Xylophonmusik
quält jeden größeren Zwerg.

Oder der hier:

Xaver schreibt für Wikipedia zum Spaß
quälend lang über Yoga, Soja und Öko.

Na, bist du jetzt dem Geheimnis näher gekommen? Klaro, oder? Jeder dieser Sätze ist ein sogenanntes »Pangramm«. Das heißt: In dem Satz tauchen alle Buchstaben des kompletten Alphabets auf – von A bis Z und sogar das Ä, Ö und Ü. Auch wenn der Satz keinen tieferen Sinn ergibt.

Das Besondere an einem »Pangramm« ist, dass man in einem Satz alle Buchstaben des Alphabets verwendet – also auch solche, die man nicht so oft benutzt wie das »Y« oder das »Q«. Überprüf es doch mal und tipp den ersten Satz mit den zwölf Boxkämpfern auf deiner Computer-Tastatur.

Du wirst sehen, dass du letztendlich alle Tasten beim Tippen abgestaubt hast. Nicht schlecht, oder? ;-) Übrigens: Wäre das nicht eine Idee für lange Winterabende? Versuch doch mal, selber ein »Pangramm« zu schreiben.

Jetzt kommt etwas sehr Spannendes. Solche »Pangramme« sind ja eigentlich Nonsens-Texte, also ohne irgendeinen Sinn. Und trotzdem haben sie für längere Zeit geholfen, den Weltfrieden zu sichern! Ja, du hast richtig gelesen. Ganz so sinnlos sind »Pangramme« also doch nicht. Solche Zungenbrecher-Sätze sorgten vor vielen Jahren dafür, dass es nicht zu einem Dritten Weltkrieg kam.

Das Ganze begann Anfang der 1960er-Jahre, also in einer Zeit, als selbst deine Eltern noch nicht geboren waren. Damals gab es zwei große Länder, die am meisten zu sagen hatten: im Westen die USA und im Osten die UdSSR. Diese beiden mächtigen Staaten standen sich ziemlich feindselig gegenüber. Die Amerikaner und die Russen hatten ständig Raketen aufeinander gerichtet. Es drohte ein großer Krieg.

Auf der Insel Kuba in der Karibik kam es dann beinahe zum ganz großen Knall. Die Russen hatten auf der Insel Atomraketen stationiert und auf Amerika gerichtet. Die Amis wiederum drohten im Falle eines Angriffs mit einem atomaren Gegenschlag.

Eine bedrohliche Situation. Beinahe hätten sich die Russen und die Amis mit Atomraketen beschossen und damit die ganze Welt ins Verderben gestürzt. Frag mal deine Großeltern. Die erinnern sich bestimmt noch daran. Damals hielt die ganze Welt den Atem an.

In dieser Krise hatte dann jemand eine ziemlich gute Idee: Russen und Amerikaner müssten mehr miteinander reden. Und zwar direkt. Vielleicht würden dann weniger Missverständnisse auftreten.

Wie wäre es mit einem Telefon, das nur die USA und die UdSSR miteinander verbindet? Die Leitung müsste auf dem Schreibtisch des amerikanischen Präsidenten beginnen und auf dem Schreibtisch des russischen Präsidenten enden. Diese Leitung dürfte nie besetzt sein. Kein Dritter sollte sie benutzen. Und jederzeit müsste man die andere Seite erreichen können.

Die Idee war klasse! Und wirklich – beide Seiten wurden sich einig: So ein Telefon, so eine ständige Verbindung zwischen der Sowjetunion und den Vereinigten Staaten brauchen wir! Dieses Telefon würde also dazu beitragen, dass es nicht mehr zu gefährlichen Missverständnissen kommen konnte. Denn bevor es diese Verbindung gab, war die Kommunikation ziemlich schlecht und furchtbar kompliziert.

Wenn man etwas klären wollte, musste man lange auf eine Antwort warten. Damals lief das nämlich so ab: Erst schrieb man eine Mitteilung, dann wurde die erst mal verschlüsselt. Dann brachte ein Kurier diese zur Fernmeldestation, dann wurde sie von dort versendet. Und dann musste die Nachricht erst noch entziffert werden. Eine furchtbar komplizierte Angelegenheit. Das dauerte Stunden und brachte sehr viel Unruhe und Unsicherheit mit sich.

Schon bald machte man sich an die Arbeit. Stell dir das mal vor: eine Telefonleitung von Russland über Helsinki, Stockholm, Kopenhagen, London durch den Atlantik bis nach Amerika. Das sind sage und schreibe 6.000 Kilometer Kabel, die da verlegt worden sind. Eine riesige Strecke. Tja, damals gab es noch keine Satelliten-Funknetze. Als die Leitung endlich stand, nannte man diese Verbindung bald nur noch den »Heißen Draht« oder auf Englisch »Hotline«!

Um bisher gefährliche Missverständnisse zu vermeiden, wollte man von nun an auf Nummer sicher gehen und strengstens darauf achten, dass die Verbindung störungsfrei blieb. Die »Hotline« durfte zu keiner Zeit außer Betrieb sein. Hm, aber wie sollte man technische Pannen ausschließen? Und was, wenn die Telefonverbindung doch mal ausfallen sollte? Die Leitung musste also regelmäßig überprüft werden.

So einigten sich die beiden mächtigen Staaten auf eine Art »Dauertelefonat«. Das funktionierte ähnlich wie eine Telefonverbindung. Wenn nicht telefoniert wurde, kamen stattdessen Fernschreiber-Signale über dieselbe Leitung, die dann ständig ausgelesen wurden. Zu jeder geraden Stunde sendeten die Amerikaner

```
The quick brown fox
jumps over the lazy dog!
```

Auf Deutsch: *»Der schnelle braune Fuchs springt über den faulen Hund.«* Der Satz ist auch ein »Pangramm«. Er ergibt keinen Sinn, enthält aber alle Buchstaben eines Fernschreibers.

Der Satz war lediglich ein Prüftext für die sehr langen Telefon-Verbindungen. So konnten sich die Russen sicher sein, dass bei den Amis keine Taste klemmt. Und in den ungeraden Stunden sendeten die Russen

Съешь ещё этих мягких французских булок,
да выпей чаю

Das heißt so viel wie: *»Iss ein paar französische Brötchen und trink einen Tee.«* Und so wussten die Amis: Okay, die Leitung ist in Ordnung. Die Russen können sich jederzeit bei uns melden.

Diese Testbotschaften hatten also nur einen Sinn: Steht die Leitung noch? Hört man uns? Ist die Verbindung stabil? Beide Seiten ahnten: *»Wenn der Heiße Draht versagt, dann knallt's!«* In Krisensituationen zählte jede Minute. Viel schneller ging alles mit dem »Heißen Draht«. *»Unsere Hotline ist ein sehr machtvolles Instrument!«*, sagte einmal ein amerikanischer Präsident.

Aber diese Leitung war leider auch sehr störanfällig: Hoch oben in Skandinavien passierte zum Beispiel folgendes Unglück: Ein finnischer Bauer war gerade mit seinem Trecker auf dem Feld. Er pflügte, achtete nicht auf das in der Erde verlegte Kabel und plötzlich – *zoing* – hatte er den Kupferdraht gekappt! Die Leitung war sofort tot! In Moskau und Washington wurde man nervös … Es dauerte recht lange, bis man die Störung behoben hatte.

Ein paar Monate später passte ein dänischer Bagger-Fahrer nicht auf und – *zoing* – durchtrennte er die Leitung in der Nähe von Kopenhagen. In Russland und Amerika machte es nur noch *tuuuut*.

Ein paar Jahre später schmorte ein Kabel in einem Verteilerschacht an der amerikanischen Ostküste durch. Der »Heiße Draht« war zu heiß geworden und durchgebrannt. Und wieder war die Verbindung vorübergehend lahmgelegt.

Ist doch interessant. Da haben sich die mächtigsten Menschen dieser Welt abhängig gemacht von dieser schwachen Leitung. Ein gewöhnlicher Baggerfahrer, ein Bauer und ein Brand konnten alles lahmlegen.

Telefonierst du gern? Dann hast du es vielleicht auch schon erlebt, dass die Verbindung plötzlich unterbrochen war. Weißt du, was mir dazu einfällt? Eine Verbindung, die niemals unterbrochen werden kann. Bei der es auch kein Rauschen in der Leitung gibt und auch kein Besetztzeichen, wenn du die Nummer wählst. Ahnst du schon, was ich meine!?

Genau – die Verbindung zu Gott. Die Hotline zwischen ihm und uns. Nichts und niemand kann diese Leitung zu ihm jemals kappen. Außerdem ist er jederzeit erreichbar. Im Neuen Testament, dem zweiten Teil der Bibel, steht im ersten Johannesbrief, Kapitel 5, Vers 15:

»Wir wissen, dass er uns hört!« Auch dich hört er. Und seine Himmels-Flatrate bietet Gott dir zum Nulltarif an! Keine Kosten. Keine Leistungen, die du bringen musst. Gott freut sich einfach, wenn du den Kontakt zu ihm suchst und Verbindung mit ihm aufnimmst.

Hast du schon einen direkten »heißen Draht« zu ihm? Oder fragst du dich, wie man mit Gott in Verbindung kommen kann? Pass auf, es ist ganz einfach. Du brauchst dich gar nicht groß anzumelden, musst auch nicht erst irgendetwas vorweisen. Sprich einfach mit ihm – wie mit einem guten Freund. Was würdest du ihm zum Beispiel gern sagen wollen? Dass du seine Hilfe brauchst!? Wofür du dankbar bist!? Dass du ihn gern kennenlernen möchtest? Dann mach das doch einfach mal.

Weißt du, Gott freut sich so sehr, wenn du zu ihm kommst, wenn du ihm alles erzählst, was dir unter den Nägeln brennt, und wenn du ihm dein Herz ausschüttest. ✽

Die Grünschnabel-Dame

Hast du dieses Jahr schon einen Besuch im Krankenhaus gemacht? Kennst du jemanden, der gerade krank ist und schon lange im Bett liegen muss? Heute hörst du von Hanna, die eine gute Idee hatte. Aber leider lief nicht alles glatt … Pass auf, es geht gleich los.

Hanna kommt aufgeregt aus der Schule nach Hause. Sie pfeffert ihre Schultasche auf den Boden und sprudelt los: *»Mama, Mama, weißt du, was wir heute in Religion gehört haben?«* Ihre Mutter weiß natürlich nicht, worum es geht, und wartet ab, was Hanna gleich erzählen wird.

»Es gibt alte Menschen, die ganz alleine sind und von denen keiner etwas wissen will. Wenn es denen schlecht geht, interessiert das keinen. Sie sind ganz auf sich allein gestellt, auch wenn sie krank sind. Manchmal erfährt man nicht einmal etwas davon, wenn sie sterben. Dann liegen die tage- oder wochenlang tot in ihrer Wohnung. Kannst du dir so was vorstellen?«

Liesel nickt schweigend. *»Ja, Hanna, so etwas kommt tatsächlich vor. Vor allem in der Großstadt.«* Während ihre Mutter die Schultasche vom Fußboden aufhebt, gerät Hanna völlig aus der Fassung.

»Das ist doch nicht wahr! Meinst du, so was kann auch in Winkelstädt passieren?« – »Schon möglich. Wenn man

sich nicht um die Alten und Kranken kümmert ... Aber jetzt räum erst mal deine Sachen weg«, sagt Mama Diesel und drückt ihrer Tochter die Schultasche in die Hand.

Hanna kann sich gar nicht mehr beruhigen. *»Aber da muss man doch etwas tun. Stell dir vor: Du liegst da ganz allein und niemand kümmert sich um dich. Kein Besuch, kein Anruf, keine Hilfe. Jeder denkt nur an sich.«* Hanna geht unruhig im Zimmer auf und ab. Da kommt ihrer Mutter eine Idee: *»Weißt du was, Hanna? Besuch doch mal Tante Brigitte im Denkmalweg ...«*

»Was, Tante Brigitte? Die ist doch noch topfit und höchstens 60. Die hat doch noch Kinder, die bei ihr wohnen.« – Liesel schüttelt lächelnd den Kopf. *»Ich meine ja auch nicht, um dich um sie zu kümmern. Aber wenn ich mich richtig erinnere, ist Tante Brigitte bei den Grünen Damen.«*

»Hää? Grüne Damen? Was ist das denn? Sind das Gärtnerinnen?« – »Nein, Grüne Damen sind Frauen, die freiwillig im Krankenhaus helfen. Die nennen sich so, weil sie einen grünen Kittel tragen, der sie von den anderen Mitarbeitern auf der Station unterscheidet.« Während sie appetitlos in ihrem Mittagessen herumstochert, fragt Hanna:

»Und was machen die Grünen Damen im Krankenhaus?« – »Frag doch mal Tante Brigitte. Vielleicht nimmt sie dich ja mal mit ...« Völlig beflügelt von der Vorstellung, alle

einsamen Alten dieser Welt zu retten, rennt Hanna wenig später hinunter ins Städtchen. Vom Springbrunnen aus biegt sie in den Denkmalweg ein, steuert zielsicher auf die Hausnummer 17 zu und klingelt.

Schon bald öffnet sich die Haustür und eine freundliche ältere Dame schaut durch den Türspalt. *»Hallo Hanna, das ist ja schön, dass du mich besuchst. Was kann ich denn für dich tun?«* – *»Guten Tag, Tante Brigitte. Ich hoffe, ich störe nicht, aber kannst du mir mal erklären, was Grüne Damen so machen?«*

Bald darauf sitzen die beiden auf der Küchen-Eckbank und Brigitte erzählt: *»Wir Grünen Damen helfen den älteren Patienten – zum Beispiel frisieren wir ihnen die Haare oder lesen ihnen etwas vor. Ab und zu begleiten wir sie mit dem Pflegebett zum Röntgen oder im Aufzug. Manchmal kaufen wir Zeitschriften oder machen kleine Erledigungen, wenn die Angehörigen nicht dazu kommen. Ganz oft hören wir aber auch nur zu und interessieren uns für ihre Krankengeschichte.«*

»Du, Tante Brigitte, dürfte ich da mal mit? Ich glaube, ich bin dafür prima geeignet. Ich möchte sooo gerne helfen.« – *»Hmm«*, antwortet Brigitte, *»warum eigentlich nicht? Da hat die Pflegedienstleitung bestimmt nichts dagegen. Also, von mir aus gerne! Jetzt am Mittwoch habe ich wieder ab 15 Uhr Dienst. Komm doch einfach um halb drei bei mir vorbei. Dann nehme ich dich mal mit ins Krankenhaus nach Stolzach.«*

Wow! Hanna ist begeistert. Das passt ja prima. Schon jetzt kann sie den Mittwoch kaum abwarten.

Auf dem Weg zum Krankenhaus erklärt Tante Brigitte noch einiges zu den Grünen Damen: *»In Deutschland gibt es etwa 10.000 Grüne Damen, aber nur ungefähr 500 Grüne Herren.«* Das kann Hanna kaum glauben. *»Waaas? Das bedeutet ja: Von 20 Grünen Damen ist nur einer männlich!« – »Tja, das liegt wahrscheinlich daran, dass es Frauen scheinbar leichter fällt als Männern, sich sozial zu engagieren.«*

Tante Brigitte lenkt ihr Auto in die Tiefgarage des Krankenhauses. Dann geht sie mit Hanna in Richtung Aufzug. Hanna wird immer aufgeregter. *»Kriege ich gleich auch einen grünen Kittel?« – »Nein, heute noch nicht. Da müsstest du erst einen Lehrgang gemacht haben. Aber komm jetzt mal mit in unser Besprechungszimmer.«*

In einem großen Raum stoßen Hanna und Brigitte auf weitere nette Damen, die sich gerade ihre Kittel anziehen, die Namensschilder anstecken und sich absprechen, wer welche Station übernimmt. *»Brigitte, gehst du heute auf die 3A? Ach, wen hast du denn da mitgebracht?« – »Das ist Hanna, die grünste Grüne Dame der Welt.«* – Eine Mitarbeiterin macht Hanna ein Namensschild fertig. Voller Stolz heftet Hanna sich das Schild an die Brust. Insgeheim denkt sie: *»Gutes tun tut richtig gut!«*

Hanna freut sich riesig auf die neue Aufgabe. Ihr erster Besuch führt sie auf ein Doppelzimmer. Aber nur ein Bett ist belegt. Eine weißhaarige Omi – Frau Nibergall – liegt mit einem Oberschenkelhalsbruch schon seit drei Wochen hier. »*Wie gut, dass es die Grünen Damen gibt!*«, begrüßt sie die beiden mit krächzender Stimme.

»*Könnten Sie mir bitte den* STOLZACHER ANZEIGER *von heute besorgen?*« Der STOLZACHER ANZEIGER ist die örtliche Tageszeitung. Frau Nibergall will unbedingt die Todesanzeigen nachsehen, weil angeblich eine alte Schulkameradin verstorben sein soll.

»*Tja, das wäre doch eine Aufgabe für Hanna – unseren grünen Engel*«, meint Brigitte. »*Traust du dir das alleine zu?*« – »*Na klar!*«, sagt Hanna und strahlt bis zu den Ohrläppchen. »*Nichts leichter als das. Wird sofort erledigt ...*«

Mit zittrigen Fingern drückt Frau Nibergall Hanna ein 2-Euro-Stück in die Hand und sagt: »*Wie schön, dass es noch so hilfsbereite junge Leute gibt ...*« Hanna nickt stolz und sagt: »*Passen Sie mal auf, Frau Nibergall, wie schnell Ihr neuer Zeitungsbote ist.*«

Voller Elan eilt Hanna über den langen Flur und fährt mit dem Aufzug ins Erdgeschoss. Hier im Foyer ist der Kiosk. Als Hanna am Zeitschriftenständer ankommt, bemerkt sie, dass ausgerechnet der »STOLZACHER ANZEIGER« ausverkauft ist.

Hm. Zu dumm. Was soll sie jetzt tun? *»Ganz einfach«*, denkt sie. *»Ich laufe rüber zur Bahnhofsbuchhandlung. Da gibt's bestimmt noch alle Zeitungen.«* Auf der anderen Straßenseite begegnet Hanna ihrer Freundin Yvonne. *»Hallo Hanna, was machst du denn hier?«* – *»Ich bin seit heute bei den Grünen Damen.«* – *»Grüne was …?«* Da klingelt Yvonnes Handy.

Hanna schaut über die vielen Zeitungen und sucht nach dem »STOLZACHER ANZEIGER«. Da ist er. Sie will gerade ein Exemplar nehmen, als Yvonne ruft: *»Oh Hanna, guck mal, 'ne WhatsApp von Tom! Mal gucken, was der wieder will.«* Neugierig schauen die beiden Mädels aufs Smartphone. *»Ich wollte mir hier gerade ein Kaugummi-Eis holen«*, sagt Yvonne und fischt sich die grellbunte Tüte aus der Tiefkühltruhe.

Da kommt Hanna ein prima Einfall. *»Yvonne, du wohnst doch gleich um die Ecke. Sag mal, kriegen deine Eltern eine Zeitung?«* – *»Ja, den STOLZACHER ANZEIGER!«* – *»Oh, cool! Ich dachte es mir. Meinst du, ich kann die Ausgabe von heute haben?«* – *»Ja klar. Die blättert mein Papa beim Frühstück durch und dann kommt die zum Altpapier.«* – *»Super, dann können wir uns gemeinsam ein Kaugummi-Eis genehmigen.«*

Wenig später kullert Frau Nibergalls 2-Euro-Stück über die Bistro-Theke. Hanna hat ein Eis statt der Zeitung gekauft. Die beiden Mädels sitzen auf den hohen Barhockern und quatschen über die blöde Schule und Toms doofe Textnachricht. *»Guck mal, Hanna: voller Rechtschreibfehler. Der schreibt ›ich vermiss dich‹ mit i-e!«* – *»Mit i-e? Ich vermies dich. Ha, ha, ha.«* Dabei muss Hanna so schallend lachen, dass sie rückwärts vom Hocker kippt.

Als Hanna wieder aufwacht, schaut sie zu einer weißen Zimmerdecke. *»Wo bin ich?«* Ihre Mutter Liesel sitzt besorgt neben dem Bett und sagt: *»Es ist alles gut, Hanna, du hast einen kleinen Unfall gehabt.«* Hanna will den Kopf zur Seite drehen. Au! Ihr Schädel brummt wie eine Motorsäge.

Entsetzt stellt sie fest: Sie liegt im Krankenhaus. *»Ja, Hanna, du bist von einem Hocker gestürzt und hast eine leichte Gehirnerschütterung. Zwei Sanitäter haben dich über die Straße ins Krankenhaus getragen. Es war ja nicht weit.«*

Hanna kann es nicht fassen. Sie liegt im Krankenhaus. Plötzlich stellt sie fest: auf der 3A. Neben ihr liegt – Frau Nibergall. Und die fragt: *»Na, mein Mädchen, wie ist das denn passiert?«* Vor Hannas Augen dreht sich alles: 2-Euro-Stücke, Kaugummi-Eis und Zeitungen.

Am Nachmittag kommt ihr Onkel Pitt zu Besuch. Er hört Hannas unglaublich peinliche Geschichte. Pitt kann es sich nicht verkneifen, seiner Nichte dazu eine Stelle aus der Bibel vorzulesen.

Er blättert in Jakobus 4 und liest dann die Verse 13 bis 17 laut vor:

»Wohlan nun, ihr, die ihr sagt: Heute oder morgen wollen wir in die und die Stadt gehen und dort ein Jahr zubringen und Handel treiben und Gewinn machen (die ihr nicht wisst, was der morgige Tag bringen wird; denn was ist euer Leben? Ein Dampf ist es ja, der für eine kurze Zeit sichtbar ist und dann verschwindet); statt dass ihr sagt: Wenn der Herr will und wir leben, so werden wir auch dieses oder jenes tun. Nun aber rühmt ihr euch in euren Großtuereien. Alles solches Rühmen ist böse. Wer nun weiß, Gutes zu tun, und tut es nicht, dem ist es Sünde.«

Kannst du dir vorstellen, wie das saß? Hannas Krankenhauskissen sah wahrscheinlich aus wie die japanische Flagge. Außen ganz weiß – in der Mitte ein roter Kreis. Hannas Gesicht wurde nämlich feuerrot – so sehr schämte sie sich.

Und hatte Frau Nibergall nicht alles mit angehört? Was sollte sie nun von ihr denken?

Pitt setzte sich auf Hannas Bettkante und strich sanft über ihre Stirn. Hanna stellte fest: *»Ja, ich bin eine Angeberin. Ich wollte Gutes tun, um mich gut zu fühlen. Aber das Kaugummi-Eis war mir wichtiger als Frau Nibergall. Ich bin durch und durch schlecht. Es tut mir so leid.«*

Ihr Onkel lächelte sie an: *»Ach Hanna, mir geht es doch oft genauso. Ich will oft etwas Gutes tun, aber irgendwie gelingt es mir nicht. Ein Anruf kommt vielleicht dazwischen oder eine Ablenkung oder mein Lästern oder mein Egoismus. Ich denke, wir können an deinem Unfall erkennen, wie schlecht wir Menschen sind.«*

In der Bibel steht: *»Wer nun weiß, Gutes zu tun, und tut es nicht, dem ist es Sünde«* (Jakobus 4,17). Genau das hatte Hanna erlebt. Und genau das passiert uns jeden Tag. Aber mit all dieser Schuld, mit unserem Versagen und unserem falschen Stolz dürfen wir zu Jesus Christus gehen. Wenn du ihm das alles bekennst, dann ist er gnädig und vergibt dir. Und er wird dir helfen, mit echter und aufrichtiger Liebe anderen zu helfen.

Vielleicht ist es dir auch schon so gegangen wie Hanna in dieser Geschichte. Wir möchten dir Mut machen, Dinge zu tun, von denen du weißt, dass sie richtig sind. Gott hat dich lieb, er will dir dabei helfen.

Die Wette

Schade, dass du heute nicht in Winkelstädt warst. Denn dort ist heute etwas Unglaubliches passiert – direkt am Marktplatz, wo alle Leute vorbeischlendern. Das heißt – eigentlich ist nichts passiert. Das ist ja das Unglaubliche. Aber ich muss ganz vorn anfangen: Bei Pitt und Liesel …

Wenn heute früh am Schanzer Kopf ein Dieb durchs Fenster geschaut hätte, hmmm – der wäre bestimmt in große Versuchung geraten: Denn da saßen Pitt, unser liebenswürdiger Doppeldecker-Pilot, und seine Schwester Liesel im Wohnzimmer.

Aber was gab es denn da, was einen Dieb angelockt hätte? Nun, da musst du schon etwas genauer hinsehen. Komm, schau dir an, was die beiden für wertvolle Sachen vor sich haben:

Pitt beugt sich dicht über den Sofatisch. Hat er etwas zu verbergen? Seine Schwester Liesel sitzt etwas daneben am großen Wohnzimmertisch. Sie hat eine Schürze angezogen und außerdem noch ein weißes Tuch auf dem Schoß. Im Schein der beiden Lampen leuchtet es glänzend. Ach so, die beiden breiten gerade ihre Schätze aus!

Ja, Pitt sortiert seine neue Münzsammlung und Liesel poliert ihr altes Tafelsilber. Das 12-teilige Kuchengabel-Service und das gesamte Sonntags-Essbesteck, das noch von ihrer Oma stammt. *»Mit einem dieser Löffel hat schon Bismarck seine Suppe ausgelöffelt«*, behauptet Liesel. – *»Ja, ja. Und mit dieser Münze hat er seinen ersten Kaugummi gezogen«*, scherzt Pitt und hält einen halben Taler zwischen Daumen und Zeigefinger.

Liesels Silber-Besteck ist mattgrau, aber die Messer sind noch scharf. Leider fehlt von den Gabeln eine. Die Löffel sind vollständig, aber angelaufen, und schillern eher bunt als silbern. Über den Sofatisch hat Pitt ein dunkles Samttuch gebreitet, damit die Geldstücke besonders hübsch zur Geltung kommen.

Mit einem Tuch poliert er jede einzelne Münze, bis sie wieder in altem Glanz erstrahlt. Dann blättert er aufgeregt in seinem Münzkatalog hin und her. Er hat die Münzen erst seit letzter Woche. Eine kleine Erbschaft von seinem verstorbenen Onkel.

»Boah! Tatsächlich«, jubelt Pitt. *»Diese fränkischen Gulden hier sind heute 590 Euro wert! Und ich bekam 17 Stück davon.«* – *»Waas? Das kann ich nicht glauben«*, meint Liesel. *»Dann hättest du ja ein kleines Vermögen von Onkel Arthur geerbt!«* Pitt zuckt mit den Schultern. *»So ist es aber! Der Preis steht hier im Münzkatalog«*, beteuert Pitt.

»Warte mal, das macht dann zusammen 17 x 590. 17 x 500 macht, äah, und 7 mal 90 noch mal, ääh. Mann, das sind ja alleine schon über 10.000 Euro, ohne die ganzen

anderen Münzen …« – »Niemals. Da hast du dich verguckt. Du bist zu leichtgläubig, Bruderherz. Das ist bestimmt ein Druckfehler«, erwidert Pitts Schwester, während sie die Silbergabeln poliert.

Ja, so ist das leider bei Liesel. Sie zweifelt erst mal alles an. Sie kann einfach nicht glauben. Genauso ist es bei ihr auch mit Gott. Pitt hat schon oft mit ihr über die Bibel gesprochen. Über die Versprechen, die Gott denen gibt, die ihm vertrauen. Aber Liesel sagt immer nur: *»Ich glaube nur, was ich sehe!«*

Pitt erklärt Liesel: *»Weißt du, Schwesterherz, wenn ich nicht in diesem Katalog gelesen hätte, wie kostbar diese Münzen sind, hätte ich es ja selbst nicht geglaubt. Genauso ist es auch mit mir und der Bibel: Da steht, dass ich teuer und wertvoll bin in Gottes Augen, dass er mich lieb hat. Und ich vertraue Gott. Darf ich dir etwas vorlesen? Hier steht es in Apostelgeschichte 24, Vers 14: ›Aber dies bekenne ich dir, dass ich … allem glaube, was in dem Gesetz und in den Propheten (also in der Bibel) geschrieben steht.‹ Ich vertraue Gott, dass er nicht lügt.«*

Doch Liesel entgegnet: *»Ach, ich kann das nicht glauben! Woher soll ich wissen, dass das nicht alles nur ausgedacht ist. Ich glaube nur, was ich sehe.«*

Plötzlich springt Pitt aus dem Sessel auf und ruft: *»Hey, Liesel! Pass auf. Ich habe 'ne Idee. Wir machen eine Wette. Eine ganz verrückte Wette. Wenn du die Wette gewinnst,* *poliere ich dein ganzes Silberbesteck fertig. Wenn ich aber die Wette gewinne, musst du meine gesamte Münzsammlung polieren. Abgemacht?«*

»*Waaas?*«, antwortet Liesel verblüfft. »*Wie meinst du das? Was für eine Wette?« – »Pass auf. Ich stelle mich heute Mittag auf den Winkelstädter Marktplatz und rufe laut: ›Original fränkische Gulden von 1722, echtes Gold, für nur fünf Euro das Stück!‹ Und das mache ich eine Stunde lang.«*

Liesel schüttelt mit dem Kopf. »*Ja und?*« Was schlägt ihr Bruder da vor? Das ist doch glatter Unsinn. Doch Pitt erklärt Liesel geduldig seine Idee: »*Weißt du, Liesel, vielleicht sind ja alle so wie du. Dann wird mir in Winkelstädt keiner glauben. Wo gibt es denn echte Goldmünzen für fünf Euro? Wenn ich nach einer Stunde noch keine Münze verkauft habe, musst du für mich Münzen polieren. Wenn ich es aber schaffe, eine Münze zu verkaufen, werde ich für dich Silber polieren. O.k.?«*

Liesel schüttelt noch immer den Kopf. »*Du hast so verrückte Ideen, Pitt. Das machst du doch nur, um mir etwas zu beweisen, oder? – Wenn du dazusagst, dass die echt sind, bin ich einverstanden.«*

Da kommt jemand schluchzend zur Tür herein. Es ist Hanna, Liesels Tochter – also Pitts kleine Nichte. Sie steckt in ihren Reitstiefeln und hat nasse Kleider an. Hanna sieht ziemlich verzweifelt aus.

»Du wolltest doch mit deinem Pony Loop ausreiten. Ist dir etwas zugestoßen?«, fragt ihre Mama. Da sprudelt Hanna los: *»Ich habe gestern das Absatteln vergessen. Und jetzt stand Loop die ganze Nacht im Regen – mit dem Sattel. Das Leder ist dabei quatschnass geworden. Und vorhin hat sich Loop mit dem Sattel an der Hauswand gescheuert. Der Gurt ist abgerissen und die ganzen Nähte sind aufgeplatzt. Mit dem Sattel werde ich nie wieder reiten können.«*

»Ach, Hanna. Ich kann dich gar nicht richtig bedauern. Wer ist denn schuld an dem Missgeschick? Du musst wirklich besser auf deine Sachen aufpassen! So ein Sattel kostet mindestens 400 Euro …« Traurig lässt Hanna den Kopf hängen und beißt sich auf die Lippen. Jetzt ist sie fast etwas zornig auf ihre Mama. Das weiß sie doch selbst, dass das Missgeschick ihre Schuld ist. Aber was soll sie denn jetzt machen?

Pitt steht auf und legt ihr sachte den Arm um die Schulter und sagt: *»Hanna, warte ab. Für deinen Sattel habe ich schon eine gute Idee … Kommt. Ich lade euch heute Mittag zum Essen ein. Dann brauchen wir den Wohnzimmertisch gar nicht abräumen.«* Prima! Da hat Hanna ihren Kummer schon ein bisschen vergessen. Pitt packt noch rasch ein paar Sachen ein und los geht's.

Die drei fahren mit Liesels Käfer in die Stadt. In Giovannis Restaurant bestellt Pitt für die beiden Damen eine Pizza. Er selbst sucht sich nur ein belegtes Baguette aus und nimmt es auf die Hand.

Als Hanna und Liesel in der Nähe des Fensters auf ihre Pizza warten, schaut Hanna auf den Marktplatz. *»Was macht Onkel Pitt denn da?«*, fragt sie erstaunt ihre Mutter. Es schlägt gerade 12 Uhr. Die beiden sehen, wie Pitt einen kleinen Klapptisch in der Fußgängerzone aufstellt. Dann breitet er eine Tischdecke aus und legt ein paar Münzen auf den Tisch.

»Original fränkische Gulden von 1722, echtes Gold, für nur fünf Euro das Stück!«, schallt es über den Marktplatz. Erst passiert zehn Minuten gar nichts.

Dann kommt Doktor Steinhorst, der Hausarzt, vorbei. Er schüttelt lächelnd den Kopf und grüßt Pitt: *»Tach, Herr Diesel: Sagen Sie bitte nicht ›echtes Gold!‹ Sie müssen sagen: Wie echt aussehendes Gold ...«*

»Es ist aber echtes Gold, Originalmünzen von 1722! Kaufen Sie sich doch eine«, antwortet ihm Pitt daraufhin. *»5 Euro wäre nicht viel für eine echte Münze. Aber ziemlich viel für eine, die nur so aussieht. Wenn die echt wäre, Herr Diesel, würden Sie die doch niemals verkaufen. Tschüss, Sie Scherzbold.«*

Hanna drückt ihre Nase an der Scheibe platt. Sie begreift nicht, was da vor sich geht. Da sieht sie eine schick gekleidete Frau aus dem Kaufladen gegenüber direkt auf Pitt zukommen. *»Tz tz tz, echt – original – ja, ja! Das behaupten alle Straßenverkäufer. Schämen Sie sich, Sie Betrüger!«* Empört geht die edle Dame weiter.

Noch viele andere Winkelstädter schlendern an dem seltsamen Tischchen vorbei, aber keiner ahnt, was Hans-Peter Diesel da anbietet. Die wenigsten fragen nach, auch wenn sie Pitt schon lange kennen. Pitt friert allmählich, bleibt aber geduldig hinter seinen Münzen stehen und ruft immer wieder: *»Original fränkische Goldmünzen von 1722, sehr wertvoll, für nur fünf Euro das Stück!«*

Da kommt der Pfarrer vorbei: *»Herr Diesel. So kenne ich Sie gar nicht!«*, sagt er vorwurfsvoll. *»Ich dachte immer, Sie seien ein ehrlicher Mensch. Stecken Sie vielleicht in finanziellen Schwierigkeiten, dass Sie hier so windige Geschäfte machen wollen?«*

»Tach, Herr Pfarrer. Keineswegs! Ganz im Gegenteil: Ich habe die wertvollen Münzen geerbt. Ich war noch nie so reich wie heute. Aber das Angebot gilt nur noch für eine halbe Stunde. Möchten Sie eine?« Der Pfarrer runzelt ernst die Stirn und sagt: *»Herr Diesel, lassen Sie das. Kein vernünftiger Mensch würde wertvolle Münzen auf der Straße für 5 Euro verschleudern. Was soll das? Sind Sie verrückt geworden?«*

Hanna beobachtet alles durch die Schaufensterscheibe. Verwundert fragt sie noch einmal: *»Ja, Mama, was soll das? Was macht Pitt da?«* Während sie ihr letztes Stück Pizza isst, sagt Liesel: *»Pitt und ich haben gewettet. Er behauptet, die Münzen seien viel wert. Und er wettet, dass sie trotzdem keiner haben will. Aber jetzt sehen wir ja, was die Dinger wert sind. Gar nichts. Kein Mensch will sie* *haben. Nicht mal der Pfarrer glaubt ihm. Pitt behauptet, für eine Münze bekäme er beim Münzhändler 590 Euro.«*

»*Waaas?*«, fragt Hanna erstaunt und springt von ihrem Hocker auf. »*Dann kaufe ich sofort eine. Ich glaube Pitt!*« Hanna kramt in ihrem Portemonnaie und holt 5 Euro hervor. Doch da schlägt die Turmuhr. Die Stunde ist fast vorbei …

Kannst du dir denken, wie die Geschichte mit Hanna und Pitt weitergeht? Hatte Liesel recht? Was wird der Münzhändler gleich zu den 17 Gulden sagen?

Viele Menschen sind wie Liesel Diesel. Es fällt ihnen schwer, zu glauben, was sie nicht sehen. Nur wenige sind so wie Hanna. Sie hat großes Vertrauen. Deshalb sagt Jesus: Wir sollen so werden wie die Kinder! Anders werden wir nie Gottes Reich und Gottes Reichtum kennenlernen. Wenn Gott dir etwas verspricht, dann glaube ihm.

Wenn Gott dir etwas schenken möchte, dann nimm es dankbar an. Möchtest du dich Jesus Christus anvertrauen? Dann mach es wie Pitt mit dem Münzkatalog und wie Hanna mit ihren 5 Euro: Wage es, allem zu glauben, was in der Bibel geschrieben steht. Du wirst dort große Reichtümer entdecken. Nimm dir eine Bibel und lies. Denn: »*Glückselig sind, die nicht sehen und doch glauben!*« (nach Johannes 20,29).